Maquetación de productos editoriales

Miguel Ángel Castro Tirado

Maquetación de productos editoriales
© Miguel Ángel Castro Tirado

1ª Edición

© IC Editorial, 2025

Editado por: IC Editorial
c/ Cueva de Viera, 2, Local 3
Centro Negocios CADI
29200 Antequera (Málaga)
Teléfono: 952 70 60 04
Fax: 952 84 55 03
Correo electrónico: iceditorial@iceditorial.com
Internet: www.iceditorial.com

ISBN: 978-84-1184-561-8
Depósito Legal: MA 90-2025

Impresión: PODiPrint
Impreso en Andalucía – España

Nota de la editorial: IC Editorial pertenece a Innovación y Cualificación S. L.

Presentación del manual

El **Certificado de Profesionalidad** es el instrumento de acreditación, en el ámbito de la Administración laboral, de las cualificaciones profesionales del Catálogo Nacional de Cualificaciones Profesionales adquiridas a través de procesos formativos o del proceso de reconocimiento de la experiencia laboral y de vías no formales de formación.

El elemento mínimo acreditable es la **Unidad de Competencia.** La suma de las acreditaciones de las unidades de competencia conforma la acreditación de la competencia general.

Una **Unidad de Competencia** se define como una agrupación de tareas productivas específica que realiza el profesional. Las diferentes unidades de competencia de un certificado de profesionalidad conforman la **Competencia General,** definiendo el conjunto de conocimientos y capacidades que permiten el ejercicio de una actividad profesional determinada.

Cada **Unidad de Competencia** lleva asociado un **Módulo Formativo,** donde se describe la formación necesaria para adquirir esa **Unidad de Competencia,** pudiendo dividirse en **Unidades Formativas.**

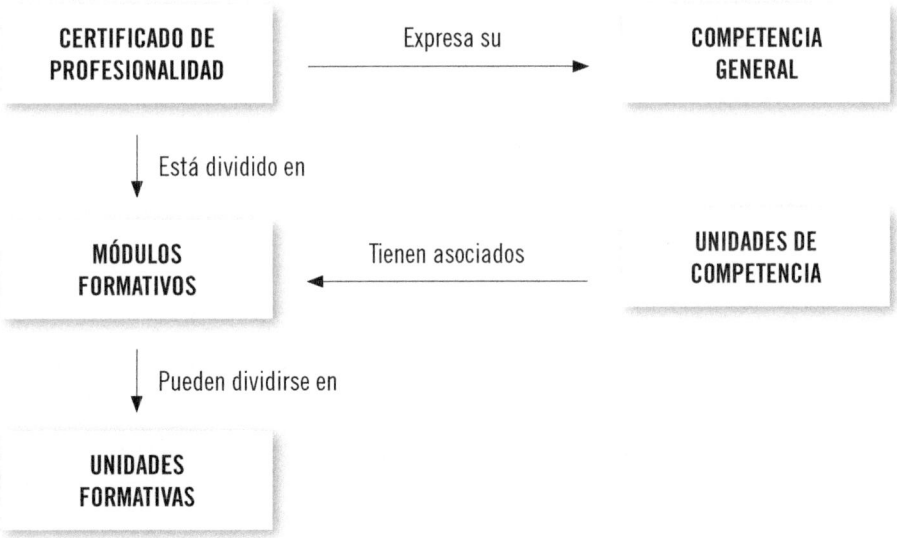

El presente manual desarrolla la Unidad Formativa **UF1461: Maquetación de productos editoriales,**

perteneciente al Módulo Formativo **MF0698_3: Arquitectura tipográfica y maquetación,**

asociado a la unidad de competencia **UC0698_3: Componer elementos gráficos, imágenes y textos según la teoría de la arquitectura tipográfica y la maquetación,**

del Certificado de Profesionalidad **Diseño de productos gráficos.**

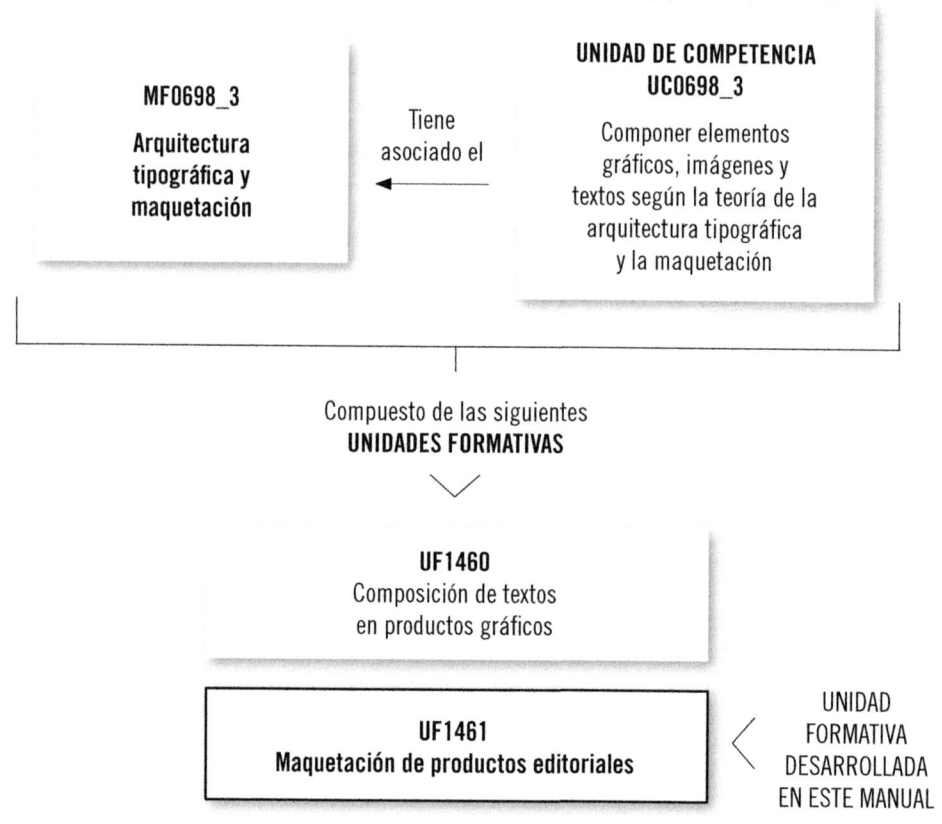

MF0698_3

Arquitectura tipográfica y maquetación

Tiene asociado el

UNIDAD DE COMPETENCIA
UC0698_3

Componer elementos gráficos, imágenes y textos según la teoría de la arquitectura tipográfica y la maquetación

Compuesto de las siguientes
UNIDADES FORMATIVAS

UF1460
Composición de textos en productos gráficos

UF1461
Maquetación de productos editoriales

UNIDAD FORMATIVA DESARROLLADA EN ESTE MANUAL

FICHA DE CERTIFICADO DE PROFESIONALIDAD

(ARGG0110) DISEÑO DE PRODUCTOS GRÁFICOS (R. D. 1520/2011, de 31 de octubre)

COMPETENCIA GENERAL: Desarrollar proyectos gráficos a partir de las especificaciones iniciales del producto; elaborando bocetos, seleccionando y adecuando color, imágenes y fuentes tipográficas; creando elementos gráficos, maquetas y artes finales; utilizando herramientas informáticas; realizando presupuestos en función de las características del proyecto y verificando la calidad del producto terminado.

Cualificación profesional de referencia		Unidades de competencia	Ocupaciones o puestos de trabajo relacionados:
ARG219_3 DISEÑO DE PRODUCTOS GRÁFICOS	UC0696_3	Desarrollar proyectos de productos gráficos	• Diseñador gráfico • Grafista • Maquetista • Arte finalista
	UC0697_3	Tratar imágenes y crear elementos gráficos con los parámetros de gestión del color adecuados	
(R. D. 1228/2006, de 27 de octubre)	UC0698_3	Componer elementos gráficos, imágenes y textos según la teoría de la arquitectura tipográfica y la maquetación	
	UC0699_3	Preparar y verificar artes finales para su distribución	

Correspondencia con el Catálogo Modular de Formación Profesional

Módulos certificado	Unidades formativas	Horas
MF0696_3: Proyecto de productos gráficos	UF1455: Preparación de proyectos de diseño gráfico	50
	UF1456: Desarrollo de bocetos de proyectos gráficos	90
MF0697_3: Edición creativa de imágenes y diseño de elementos gráficos	UF1457: Obtención de imágenes para proyectos gráficos	40
	UF1458: Retoque digital de imágenes	70
	UF1459: Creación de elementos gráficos	50
MF0698_3: Arquitectura tipográfica y maquetación	UF1460: Composición de textos en productos gráficos	90
	UF1461: Maquetación de productos editoriales	50
	UF1462: Elaboración del arte final	60
MF0699_3: Preparación de artes finales	UF1463: Arte final multimedia y e-book	30
	UF1464: Calidad del producto gráfico	30
MP0312: Módulo de prácticas profesionales no laborales		40

Índice

Capítulo 1
Maquetación de un producto editorial

1. Introducción   7
2. Plataformas y *software* y edición de textos e imágenes   7
3. Distribución de la página   12
4. Creación de páginas maestras   60
5. Creación de hojas de estilo   71
6. Introducción y composición de textos   86
7. Resumen   115
   Ejercicios de repaso y autoevaluación   117

Capítulo 2
Elaboración de maquetas de productos editoriales

1. Introducción   123
2. Materiales para la creación de maquetas   123
3. Creación de maquetas   134
4. Impresión de maquetas   141
5. Calidad en las maquetas   158
6. Revisión de los aspectos de legibilidad y estética de la maqueta 161
7. Corrección de maquetas para elaborar la maqueta definitiva   166
8. Resumen   168
   Ejercicios de repaso y autoevaluación   169

Bibliografía   175

Capítulo 1

Maquetación de un producto editorial

Contenido

1. Introducción
2. Plataformas y *software* y edición de textos e
   imágenes
3. Distribución de la página
4. Creación de páginas maestras
5. Creación de hojas de estilo
6. Introducción y composición de textos
7. Resumen

1. Introducción

La RAE (Real Academia Española) define la maquetación como "la acción y efecto de maquetar", es decir "hacer un boceto previo de la composición de un texto que se va a publicar, usado para determinar sus características definitivas". Dicho de otra manera, la **maquetación** es la disposición ordenada e intencionada de un conjunto de elementos (texto, fotografías, diagramas y otros) en un espacio concreto.

Aunque ya con las primeras impresiones existía una organización intencionada del texto con unos márgenes y espacios, no será hasta bien entrado el siglo XX cuando la composición de textos evolucione de los amasijos de textos compactados generalmente en estrechas columnas verticales, típico de los periódicos de principios de siglo, hacia formatos de mayor legibilidad y claridad de conceptos.

Esta evolución irá incorporando nuevas tipografías, síntesis en titulares o destacados, fotografías, mayores espacios vacíos, imágenes o color, que favorecerán la transmisión del mensaje.

Sin embargo, todo este progreso paulatino se verá ampliamente sobrepasado por la revolución que supondrá la informatización de este proceso, lo que supondrá en primera instancia una libertad compositiva mucho mayor al poder desligar la maquetación del soporte físico (páginas web, presentaciones de diapositivas, etc.), pero, sobre todo, permitirá el acceso a estas herramientas a cualquier usuario que disponga de un equipo informático doméstico.

2. Plataformas y *software* y edición de textos e imágenes

El mundo de la maquetación ha presentado un desarrollo sin precedentes en los últimos años debido a la popularización de la informática. El ordenador personal ha posibilitado que cualquier usuario con cierto interés, una impresora y el *software* adecuado pueda desarrollar y concretar trabajos de composición.

Este proceso se inicia hacia 1985 con la primera versión de *PageMaker* (de *Aldus Corporation)*, el lenguaje *PostScript* (lenguaje de descripción de páginas habitual en impresoras y como formato de transporte de archivos gráficos) y el ordenador personal Macintosh conjuntado con la impresora *LaserWriter* (ambos de *Apple*).

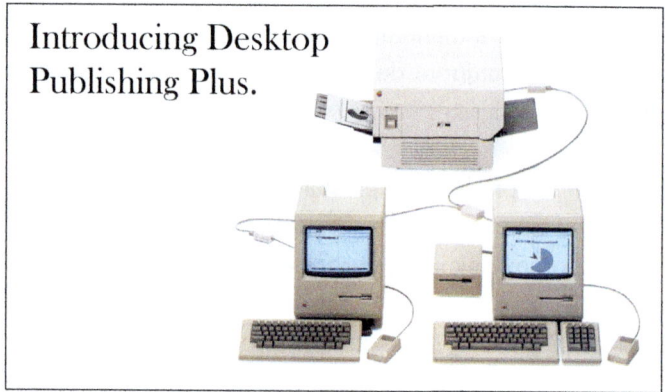

Anuncio de Macintosh y LaserWriter

Paul Brainerd, fundador de *Aldus Corporation*, denominó a este fenómeno *desktop publishing* (publicación de escritorio, en castellano) remarcando la diferencia de espacio que necesitaba el nuevo sistema doméstico en comparación con el tradicional sistema industrial. Esta denominación de origen publicitario se ha venido arrastrando hasta el presente, definiendo al modelo de maquetación actual.

 Importante

Desktop publishing, publicación de escritorio o autoedición son diferentes maneras de referirse a lo mismo: al trabajo de maquetación y preparación de un documento para su impresión o publicación digital.

Este acontecimiento marcó el mercado del ordenador personal, que incorporaría nuevas aplicaciones profesionales, y la industria de la imprenta, en la que captaría a editoriales y periódicos como usuarios de estos nuevos programas de preimpresión.

Solo un año después de la primera aparición de estos instrumentos, aparecieron otros muchos programas de diagramación de páginas, o maquetación, como: *Ventura Publisher, Publishing Partner, Timeworks Publisher, Newsroom* o *Home Publisher*. Así, el *software* exclusivo de Apple tuvo sus homólogos para los equipos de Atari, Amiga o Commodore. La difusión de estas herramientas ha continuado imparable hasta la actualidad en la que cualquier usuario cuenta con un equipo informático medio equipado con una pequeña impresora, en donde se pueden imprimir desde trabajos escolares hasta desarrollar actividades profesionales como la impresión de folletos o revistas con una tirada limitada.

La evolución de estos procesos es rotunda, siendo realmente complicado imaginar las circunstancias de trabajo en unas condiciones tan arcaicas en las que se contaba con un monitor en blanco y negro de reducidas dimensiones con importantes limitaciones de diseño (esparcimiento, tipografías, interlineado, etc.) y discordancias entre salida en pantalla e impresión.

Aunque estos procesos recibieron duras críticas en sus inicios, pronto comenzarían a aparecer publicaciones, bien consideradas, realizadas íntegramente con este tipo de tecnología.

 ## Actividades

1. Para aproximarse a la maquetación, tome una hoja de periódico y recorte los titulares, cuerpos de texto, e imágenes de los diversos artículos de los que conste. Pruebe a realizar diversas composiciones y observe sus efectos.
2. Busque ejemplos de publicidad impresa en la que la imagen refuerce el mensaje del texto. Por otro lado, busque al menos un caso en el que la relación entre imagen y mensaje no concuerde demasiado.

La mayor accesibilidad a estas herramientas (fundamentalmente, por una cuestión de reducción de precios) ha degradado la consideración de la habilidad de manejar estos programas. Si bien cuando aparecieron era necesaria cierta formación para trabajar con el *software* de maquetación, la aproximación del usuario medio a estas utilidades ha reorientado las especializaciones hacia ámbitos del diseño gráfico, la programación o las bellas artes.

 Sabía que...

Las primeras impresoras LaserWriter salieron a la venta en el mercado estadounidense a un precio de 6.995 dólares, lo que al cambio actual (según el incremento del salario medio interprofesional) resultaría por encima de los 17.200 €.

Actualmente, existen programas tan intuitivos que con unas pocas nociones se pueden obtener resultados bastante aceptables; sin embargo, adquirir una destreza experta con el *software* y los conceptos que en él se manejan puede llegar a ser una labor vitalicia, ya que es un área que se encuentra en constante renovación.

Algunos de los programas de maquetación más usados hoy son *QuarkXPress, Affinity Publisher, Adobe InDesign, Microsoft Publisher, Lucidpress, Joomag, CorelDraw* o *Scribus* (de *software* libre). En cualquiera de ellos se pueden crear composiciones de maquetas con fotos, diagramas, textos editables u otros elementos. No obstante, muchas empresas y editoriales (especialmente periodísticas) cuentan con plataformas de edición específicas como *ATEX, Hermes, Infopolis, DMP* o, la más extendida, *Millenium Cross Media*.

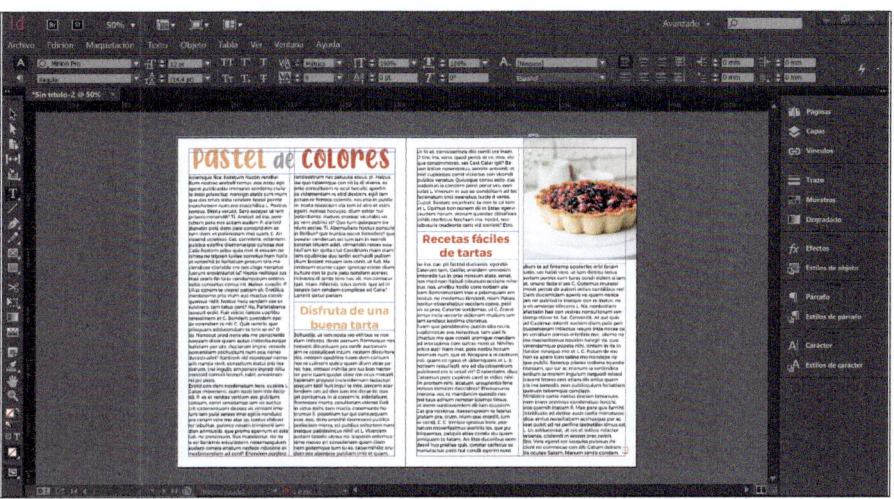

Interfaz de un software de maquetación: Adobe InDesign

 **Definición**

Plataforma

Es un sistema o entorno que funciona como soporte de relación entre diferentes programas específicos (en el caso de la maquetación) de cada uno de los campos de la edición.

La cotidianidad y compatibilidad de estas utilidades hace que, en muchos casos, el mismo proyecto que se realice con una tirada limitada en una impresora doméstica pueda exportarse a una copistería o imprenta en caso de necesitar un mayor número de ejemplares, o compartirlo con otro usuario que trabaje a gran distancia.

El manejo de este tipo de *software* no está limitado al diseño editorial, la publicación de libros o la prensa, sino que permite su aplicación en otros campos como la cartelería, publicidad o el *packaging*.

Aunque inicialmente estas herramientas eran concebidas para la impresión, la maquetación no ha sido impermeable a la predominancia presente de los medios digitales, por lo que en algunos casos los trabajos realizados mediante estos programas son concebidos directamente para su presentación en pantallas o su proyección.

 Sabía que...

La maquetación, que originariamente era una capacidad específica de los impresores, ha ido poco a poco extendiéndose hacia otros muchos gremios. Esto es así a causa del papel que juega la percepción compositiva, sea consciente o no, en el entendimiento e interpretación del mensaje. Por ello se considera una habilidad importante en profesiones comunicativas como periodista, publicista, conferenciante o, incluso, arquitecto.

3. Distribución de la página

A la hora de acometer un proyecto de maquetación es necesario comenzar por la identificación y selección de los elementos que formarán parte de él antes de pasar a las fases de diseño –aunque si el proceso compositivo lo requiere, siempre será posible retomar la recopilación de material–. Cuando se tenga claro cuáles serán los componentes, se podrá proceder a diseñar la composición y a ubicarlos en el espacio de trabajo.

Por otro lado, no debe olvidarse que el vacío, el espacio en blanco, tiene tanta importancia a la hora de configurar un proyecto como los contenidos.

No existe una "maquetación ideal" que valga para cualquier trabajo, sino que cada material requerirá o sugerirá unas condiciones específicas. Por esto es indispensable **conocer lo que se va a maquetar**, para considerar los aspectos contextuales (el tema de qué trata, las aportaciones gráficas disponibles, público a quién debe ir dirigido, etc.) y formatos a usar (dimensiones y características propias del medio de publicación) a fin de obtener un resultado adecuado.

Actividades

3. Elija un tema concreto que le apasione (como pueda ser el arte urbano, algún deporte minoritario, un estilo musical, etc.) e imagine tener que explicarlo en un solo panel (tamaño folio) a un amigo. Seleccione el material gráfico y los textos que usaría para la composición.
4. Si en lugar de ser destinado a un adulto tuviese que seleccionar el material para exponerlo a un niño. ¿Seleccionaría el mismo material? En caso negativo, ¿qué clase de cambios realizaría? Justifique su respuesta.

Es importante tener cierta mesura al aproximarse a un proyecto de maquetación mediante un *software* informático, puesto que es frecuente que el gran abanico de recursos que ofrece lleve al diseñador inexperto a un uso excesivo de las posibilidades que ofrece, resultando, por tanto, respuestas incoherentes que dificultan o imposibilitan la legibilidad del mensaje. Insistiendo, es necesario subrayar que la suma descontrolada de diferentes tipos de letra, texturas, colores, ilustraciones o filigranas, suelen producir engendros compositivos difícilmente comprensibles.

Consejo

Ante la duda, siempre será preferible evitar el exceso de complejidad y resolver la composición con sencillez. En diseño siempre se dice que "menos es más".

Actualmente, el diseñador tiene interiorizado que el ordenador, mediante un programa informático, no es más que una herramienta con la que poder desarrollar las ideas con mayor precisión, versatilidad y fluidez los trabajos que años atrás se realizaban sobre el papel con instrumentos de dibujo o mediante *collages*. Así que el manejo de estos programas, si bien es fundamental, siempre debería quedar relegado a las habilidades de comunicación, composición y diseño.

Resulta frecuente, que antes de comenzar a trabajar sobre la pantalla, los maquetadores se aproximen al proyecto mediante el papel, realizando esbozos conceptuales o dibujos con cierto grado de detalle donde testear diversas versiones de composiciones hasta ir afinando un modelo de diseño que se acabará puliendo y definiendo de modo informático.

Boceto de maquetación

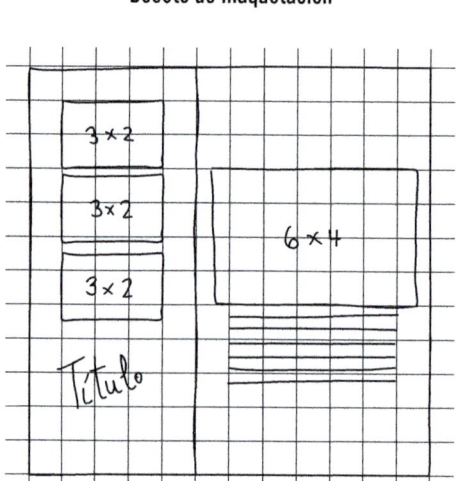

 **Recuerde**

Todo lo que se aporte al proyecto (imágenes, diferentes grafismos, colores, etc.) debe reforzar el mensaje que se quiere transmitir.

3.1. Elementos de una composición

Distribuir los componentes en el espacio de trabajo es uno de las principales atribuciones del proyecto de maquetación, por lo que su importancia es reseñable. Por lo tanto, habrá que identificar los **posibles elementos de una composición:**

- Textuales

  - Titular
  - Subtítulo
  - Pie de imagen
  - Cuerpo de texto
  - Encabezado y pie
  - Nota

- Ilustrativos

  - Fotografía
  - Infografía
  - Dibujo

- De énfasis

  - Diagrama
  - Símbolo o icono
  - Signo

- Accesorios

Nota

No hace falta que los esbozos, bocetos o bosquejos de una maquetación sean precisos, repletos de detalles y perfectos. Lo importante es que contengan los elementos ordenados en su posición y expresen las principales ideas de composición, de manera que un trabajo rápido permita hacerse una idea del resultado final.

El **titular** es un texto destacado cuya finalidad es captar la atención del receptor y/o suministrarle la información sintetizada esencial de la página o apartado. Normalmente, suele tener un tamaño superior al del cuerpo de texto, aunque en ocasiones obtiene su carácter como reclamo mediante la variación del tipo de letra, el uso de negrita o cambio de color.

Por su parte, los **subtítulos** son agregados de texto que se sitúan bajo el titular añadiendo información adicional que lo complementa. Son especialmente habituales en el contexto periodístico y añaden datos que invitan a continuar la lectura del cuerpo de texto.

Aunque las imágenes de la composición deban aportar por sí mismas, es frecuente la introducción de un **pie de imagen,** un texto escueto que clarifica el contenido y su relación con el tema del proyecto.

El **cuerpo de texto** contiene la base de la información, desarrollándose de forma detallada con una extensión y características acordes a las requeridas por el formato de publicación. Es decir, un libro admitirá una cantidad de texto mucho mayor que un cartel expositivo, mientras que el segundo necesitará unas dimensiones de letra superiores.

El **encabezado y pie de página** son elementos propios de las composiciones seriadas (con una maquetación de página repetida múltiples veces como libros o revistas) y se utilizan para incorporar datos de referencia como el nombre del capítulo, el autor, el número de página, etc.

En cuanto a la **nota,** se trata de un recurso para introducir datos o aclaraciones respecto al texto principal, por lo tanto, suele ocupar una posición secundaria —en la parte inferior de la página o en sus márgenes— y suele tener un formato de texto más discreto (menor tamaño, un tipo de letra menos llamativo o un color distinto al del cuerpo de texto).

La incorporación de la **fotografía** a la maquetación añade un elemento que atrae a la vista y deberá complementar el texto añadiendo referencias contextuales, una información extra o sintetizando el contenido de la información en una imagen.

Por otro lado, la **infografía** es la representación visual compuesta expresamente que sintetiza cierta información en una sola imagen. Es usual que en esta se combine la fotografía con señales, textos u otros elementos generados por ordenador.

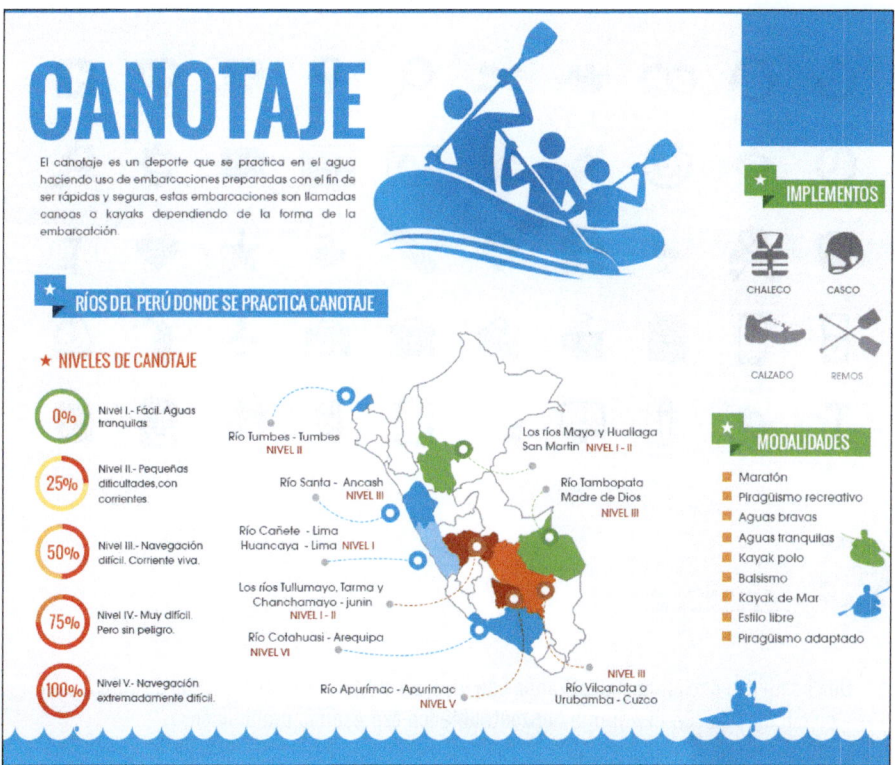

Una infografía puede sintetizar mucha información en una sola imagen de forma sencilla y muy visual.

El **dibujo** es la descripción gráfica que abstrae un concepto en una figura que ayuda a su comprensión o complementa una idea.

Los elementos de énfasis son los que sin aportar una información nueva a la maquetación acentúan y apuntalan lo que otros componentes exponen. El **diagrama** es un esquema de uno o varios conceptos relacionados con el tema de la composición.

Por otro lado, la introducción de un **símbolo o icono** representará la aportación de un elemento con un significado implícito que cualquiera podrá reconocer. El **signo** también tiene una interpretación universal, aunque en lugar de introducir un concepto aislado, implica una relación (una flecha para unir ideas, un igual para la semejanza, etc.) o modificación (interrogación para expresar duda o un aspa para negar).

Ejemplos de símbolos

 Ejemplo

Una bombilla encendida simbolizando una idea, un pulgar arriba como señal de aprobación o un círculo rojo con una franja horizontal blanca expresando prohibición.

Por último, los elementos **accesorios** son los que pueden ser suprimidos sin que haya pérdida o alteración en la transmisión del mensaje. Sin embargo, ayudan y refuerzan la comunicación del mensaje (líneas de separación) o aportar un valor visual y estético (filetes, orlas, etc.).

Ejemplos de filetes y frisos

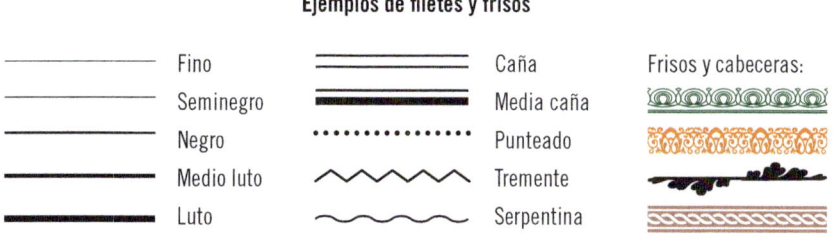

Actividades

5. Elija una hoja de un periódico, otra de una revista y una última de un libro de texto o manual (puede valer este). A continuación, identifique en ellas los diferentes elementos de la composición.

Aplicación práctica

Una frutería local ha tenido una idea para incentivar el consumo de su producto. Pretende repartir a sus clientes unas tarjetas en su comercio en donde ofrezca algunas recetas con frutas. Aunque tiene las instrucciones, quiere realizar un encargo de un diseño de prueba que sea vistoso. ¿Qué propuesta se le podría hacer?

Solución

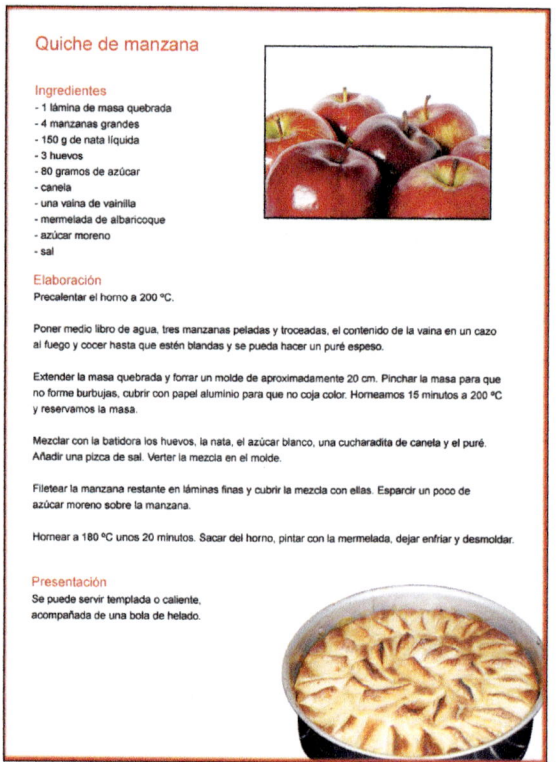

Posible composición de tarjeta con receta

Se optaría por una solución sencilla, sin mucha complicación, en la que se diferenciase el título y los subtítulos mediante el color o el tamaño. Además, se incorporaría alguna imagen que ilustrase el contenido (en este caso el producto comercial y el resultado de la receta). Por último, se podría añadir algún componente meramente decorativo (marco).

3.2. Normas y teorías compositivas de la página

La transmisión y profundidad de calado de un concepto está íntimamente ligado a la forma en que este se comunica. En la sociedad actual de las telecomunicaciones y los *mass media*, la sobreinformación y saturación de referencias provoca, en ocasiones, que cada mensaje quede perdido bajo una avalancha de nuevos estímulos. Por eso, la forma en que se presenta la información es tan importante como la información misma. Incluso, a veces, el continente es más relevante que el propio contenido.

Normas de composición

Aunque se ha escrito mucho sobre diagramación, no hay unas reglas o instrucciones que se puedan seguir al pie de la letra para conseguir una maquetación idónea, puesto que lo acertado o desacertado del resultado siempre dependerá del propio contenido a componer y de las necesidades del medio de publicación.

Sin embargo, conocer los principales parámetros que configurarán el resultado resulta fundamental para poder dar una respuesta certera que satisfaga nuestra intención de diseño.

Mensaje

Toda la energía que requiere invertir el trabajo de maquetación radica en la importancia de comunicar, exponer, explicar, describir y transmitir de la forma más clara y eficiente un concepto.

 Importante

La labor del maquetador se sustenta en la comunicación. Este recibe un mensaje que debe procesar y transmitir nuevamente, pero para que esta comunicación sea adecuada y no se produzcan pérdidas o adulteraciones de la información será imprescindible comprender en profundidad el mensaje.

Aunque en el proceso de diseño, el aspecto formal, el continente, tenga un peso importante en el resultado, el contenido no puede ser descuidado, ya que al final **el resultado será un todo** unitario. Por lo tanto, siempre que un trabajo de maquetación tenga su origen en un material textual, resultará imprescindible una investigación que identifique y evalúe los recursos disponibles previamente a la toma de decisiones creativas, de forma que evite que se transmita como resultado un mensaje poco sólido.

En ocasiones, la complejidad del tema o idea a desarrollar conlleva que la tarea clarificadora resulte extremadamente difícil. En estos casos, quizás una buena solución sea la de generar fuertes contrastes para conseguir la transmisión del mensaje por negación o comparación. Es decir, siempre resultará más sencillo ver la oscuridad en relación a la luz o identificar lo abstracto frente a lo figurativo.

Ejemplo

Para una composición basada en un texto que hablase de la soledad, sería difícil encontrar recursos gráficos que refrendasen este concepto por sí mismos. Sin embargo, la introducción de los opuestos (compañía o multitud) facilitaría mucho la tarea por la expresividad del contraste entre conceptos.

Aunque las nuevas tecnologías y los procesos creativos desarrollen nuevas posibilidades y técnicas compositivas, no hay que perder nunca de vista que para la maquetación lo fundamental debe ser **subrayar y facilitar el entendimiento del mensaje.**

El acierto de la composición en la transmisión del concepto se dará cuando, más allá de la estética, el resultado sea funcional. Es decir, que independientemente del mayor o menor acierto técnico o estilístico, en lugar de destacar cada uno de los aspectos de forma aislada, habrá que enfatizarlos como un todo. Resumiendo, la composición debe propiciar que la suma de los elementos ordenados transmita el mensaje mejor que la suma de los elementos de forma aislada.

Importante

Si un producto textual maquetado no se comprende con más sencillez y claridad que el texto original por sí solo, es que la composición es deficiente.

Jerarquía

Se trata de un criterio esencial a la hora de distribuir los elementos que conformarán la maquetación. El objetivo será establecer un **orden de prioridades,** formando grupos de componentes de similar relevancia, en función de la trascendencia de estos elementos respecto del total del conjunto. Es decir, que cuanto mayor sea la importancia de un elemento para la comprensión del mensaje, ocupará una posición jerárquica superior.

Esta ordenación de prioridades tendrá que presentar un patrón piramidal, donde la base de la pirámide contenga la mayor cantidad de elementos de menor relevancia y, a medida que se ascienda, aumentará la importancia y descenderá el número de componentes hasta llegar a la cima, donde un elemento predominará sobre el resto, representando el principal concepto a transmitir.

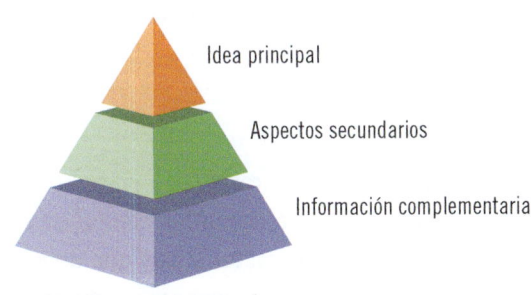

Jerarquía piramidal de la composición

Idea principal

Aspectos secundarios

Información complementaria

En todo caso, el elemento que ocupe la posición de mayor jerarquía deberá destacar en la maquetación (por el tamaño, color, posición), de forma que quede clara la relevancia del mismo.

Es fundamental ser minucioso con el control de los atributos de los diferentes componentes del proyecto para conseguir que la jerarquía sea nítida y perceptible, aún de forma inconsciente. Un simple cambio en las propiedades de un elemento puede alterar este orden, dificultando la comprensión del mismo.

Consejo

La forma más sencilla de plasmar el orden de jerarquía en un documento es limitando las variaciones de características a un solo rasgo. Así, será evidente que a mayor tamaño, superior relevancia, o a mayor densidad de contraste, más capacidad de atracción visual.

Actividades

6. Tome un periódico, identifique y reproduzca en forma de esquema la disposición de su jerarquía: título, apartados, artículos, titulares.
7. Por otro lado, busque titulares de prensa en los que por sensacionalismo o falta de rigor no exista coherencia entre el titular y el contenido del cuerpo de texto en sí.

La capacidad de ordenación jerárquica y su aplicación en el diseño es esencial para un maquetador. La dificultad radica en **establecer la escala de importancia y traducirla en características que denoten ese orden.** Además, a más número de elementos, mayor será la complejidad del ejercicio. Insistiendo, presentar los diferentes grados de importancia de elementos tan dispares como textos y fotografías haciendo que destaquen aquellos que interesen es una de las bases de la maquetación.

Pese a que los textos y las imágenes posean características bien diferenciadas, cuando forman parte de un mismo proyecto deben ser tratadas con coherencia, de forma que mediante la manipulación de sus atributos deba conseguirse que predomine el elemento deseado. Los componentes "no pueden decidir" su papel en el diseño.

 **Recuerde**

Un texto mal jerarquizado transmite un mensaje confuso.

Peso y posición

Cuando se habla de peso en una composición, en diseño o en las bellas artes, no se hace referencia a la magnitud física sino a la **percepción psicológica de gravitación o atracción** que poseen los diferentes componentes de una obra o proyecto. Se trata de la capacidad de algunos elementos de hacer confluir las miradas en ellos.

El peso visual en una composición fotográfica.

En principio, el peso de un elemento depende del tipo de objeto del que se trate. Se muestran de mayor a menor a continuación:

▪ Mancha de color
▪ Imagen
▪ Texto
▪ Dibujo a línea

En cualquier caso, esta clasificación solo es válida si se habla de objetos de atributos similares, puesto que son diversos los factores que influyen en el peso de un componente.

El **tamaño** es el principal factor de incidencia del peso, como es evidente, cuanto mayores sean las dimensiones del objeto, mayor capacidad de atracción visual presentará.

Consejo

Sea mesurado cuando introduzca una imagen en su maquetación, dado que en ocasiones el exceso de sus atributos (tamaño, color, etc.) hace que destaque tanto que el resto de elementos pasen casi inadvertidos.

Igualmente, la **forma** o el **contorno** tendrán su influencia. Mientras que los objetos de silueta poligonal resultarán visualmente pesados, los curvilíneos provocarán sensación de liviandad o ligereza.

Además, hay que considerar el **color.** Lo fundamental en este caso es la diferencia de color respecto del conjunto de la composición. Un subrayado naranja resalta de un texto negro con fondo blanco, pero difícilmente destacará si el texto es rojo y el fondo amarillo.

Por último, es necesario hacer referencia a la **posición.** No es posible disociar el peso de la posición, ya que el peso de un componente es un rasgo que viene condicionado por la ubicación del mismo en el plano.

Mientras que los elementos que se disponen en la parte inferior de una composición parecen más pesados, los ubicados en la parte superior aparentan mayor ligereza.

Por otro lado, la situación de objetos en la parte izquierda de la composición alude a la estabilidad. Contrariamente, la ubicación de estos en el lateral derecho se percibe como dinamismo o avance. La colocación de componentes en la zona central hace que estos destaquen saltando al primer plano.

Finalmente, la **percepción espacial** hace que los elementos que son apreciados en un segundo o tercer plano parezcan menos pesados que los que parecen más cercanos al receptor.

Diagrama de factores de incidencia en el peso

	Tamaño	Forma	Color	Posición	Pespectiva
Menos pesado					
Más pesado					

Nota

Normalmente, los diferentes elementos de la composición presentan divergencias en varias de las características que influyen en el peso visual.

Todos estos efectos de la posición vienen dados por la forma de percibir el plano (la hoja) por parte de la cultura occidental. Aunque en la mayoría del planeta la lectura se realiza de izquierda a derecha y de arriba hacia abajo, existen zonas en las que la dirección de lectura es de derecha a izquierda o, incluso, en vertical desde arriba hacia abajo.

Actividades

8. A modo de refuerzo, realice un mapa conceptual donde recoja los diferentes factores que influyan sobre el peso de un elemento. Incorpore un ejemplo en cada caso.
9. Dado que la forma de percepción de la hoja nos viene dada por el orden de lectura occidental, busque información acerca de, al menos, tres culturas en los que este orden sea distinto. ¿Cómo cree que afecta esto?

Equilibrio

Si se entiende que cada elemento representado en la composición ejerce una tensión visual o un peso sobre el plano, resulta sencillo comprender el concepto de equilibrio.

Si se asemeja el plano de trabajo con una superficie rígida apoyada en equilibrio y horizontal sobre la punta de un cono y cada uno de los elementos de la composición como un objeto con peso físico (en gramos), es fácil imaginar cómo cada componente que se sitúe sobre la superficie la desequilibrará.

Símil del equilibrio visual

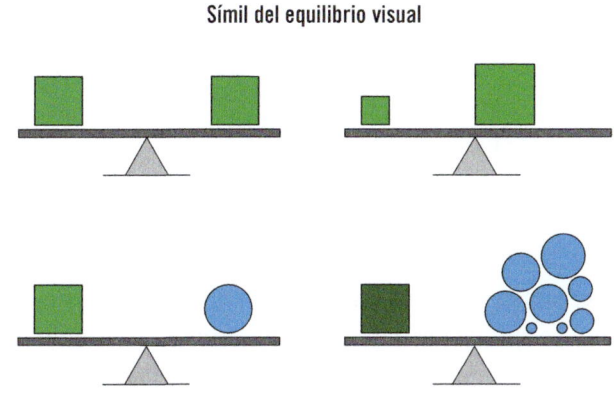

Existirá equilibrio siempre que los pesos de los elementos de la composición se compensen entre sí.

 Definición

Equilibrio
Es el estado balanceado de una composición en la que las tensiones de los elementos que la forman se compensan entre sí anulándose.

Se pueden diferenciar dos **tipos de equilibrios:**

▪ **Equilibrio simétrico:** se da cuando al dividir una composición en vertical u horizontal por el centro, el peso de cada elemento de una mitad tiene su reflejo en la otra.

■ **Equilibrio asimétrico:** es el que pese a no presentar simetría, al dividir la maquetación en dos partes iguales (horizontal o vertical), la suma de los pesos de sus componentes es equivalente.

Mientras que el equilibrio simétrico da sensación de orden, estabilidad o rutina, el asimétrico se asocia al dinamismo, tensión o inestabilidad.

Aunque existen incontables formas de configurar un proyecto para que resulte equilibrado, hay algunos **procedimientos compositivos** de uso frecuente y bastante extendido:

■ **Por simetría:** cuando se sitúa un eje (dibujado o no, real o imaginario) vertical u horizontal que pase por el centro del plano de trabajo y se distribuyen los objetos de manera espejada respecto al eje.

■ **Mediante la regla de los tercios:** dividiendo el formato en tres franjas verticales de igual anchura y otras tres horizontales de igual altura, resultando una malla ortogonal en cuyos vértices se ubican los elementos de mayor peso y los de menor, en los concentrados en torno a los ejes restantes.

■ **Por compensación de masas:** disponiendo los objetos como si se hiciese sobre una balanza, de forma que un objeto pesado situado próximo al centro requiera otro de menor tamaño más alejado del mismo.

■ **Por ritmo:** a través de la repetición periódica de elementos homólogos, con un ritmo y una pauta.

Sabía que...

El ser humano tiende a sentir más comodidad y tranquilidad cuanto más equilibrada sea la composición que observa. Por el contrario, las que presentan un desequilibrio (especialmente, los muy pronunciados) provocan cierto desasosiego y angustia.

Normalmente, la disposición de objetos dentro de la composición pretende compensar los elementos de mayor peso con los de menor peso en una búsqueda del equilibrio. No obstante, hay ocasiones en las que el diseñador persigue intencionadamente el desequilibrio para provocar un efecto determinado en el trabajo resultante.

Actividades

10. Observe atentamente las imágenes que se exponen a continuación y analice minuciosamente el tipo de equilibrio que presentan. Tras esta revisión del balance compositivo en otras áreas artísticas (1, arquitectura; 2, escultura; 3, dibujo; 4, pintura y 5, cine) reflexione acerca de su importancia en la maquetación.

1. Ronchamp. Le Corbusier.
2. The Star. Calder.
3. El hombre de Vitruvio. Da vinci.

4. Noche estrellada. Van Gogh.
5. E.T. Spielberg.

Ejercicio sobre el equilibrio

11. Busque ejemplos (al menos uno por cada uno de las disciplinas del ejercicio anterior) de composiciones en las que, en lugar de equilibrio, haya desequilibrio.

Otros aspectos del diseño

Existen otras características que pueden participar de la configuración de una composición en concordancia con la relación existente entre los diferentes elementos que la conformen. Aquí se exponen como parejas de opuestos algunos de estos rasgos más significativos:

■ **Agrupación/Dispersión:** en relación al grado de proximidad o incluso superposición que tengan los diferentes objetos de la maquetación.

Agrupación/Dispersión

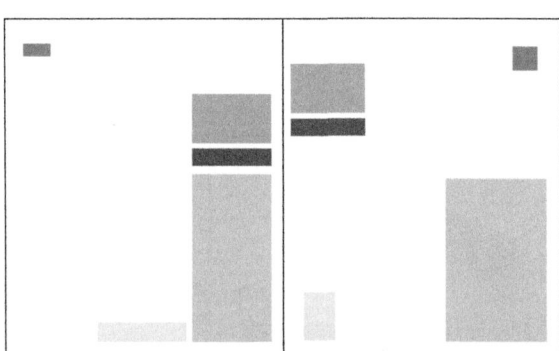

■ **Estático/Dinámico:** según los componentes aparenten reposo por una ordenación regular o movilidad e incertidumbre por una disposición irregular y, aparentemente, aleatoria.

Estático/Dinámico

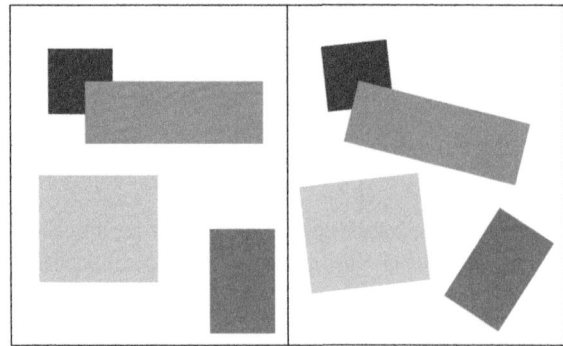

■ **Esencial/Recargado:** dependiendo de si la maquetación presenta un número mínimo de elementos con gran claridad o si la incorporación de numerosos componentes abarrota el plano de trabajo.

Esencial/Recargado

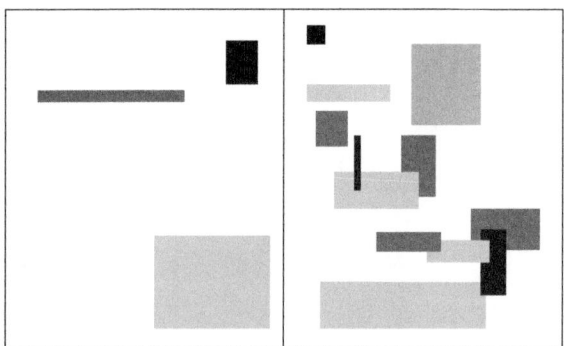

■ **Simétrico/Asimétrico:** en función de si existe una relación de correspondencia semejante respecto a un eje (generalmente, vertical u horizontal) o no.

Simétrico/Asimétrico

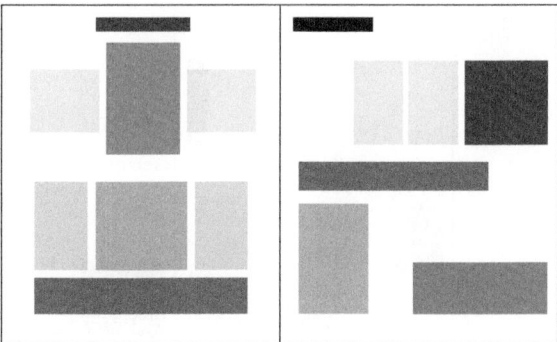

■ **Singular/Monótono:** cuando en una secuencia compositiva (páginas de una misma publicación) existe una repetición formal o por el contrario cuando el proyecto se sale de dicha secuencia.

Singular/Monótono

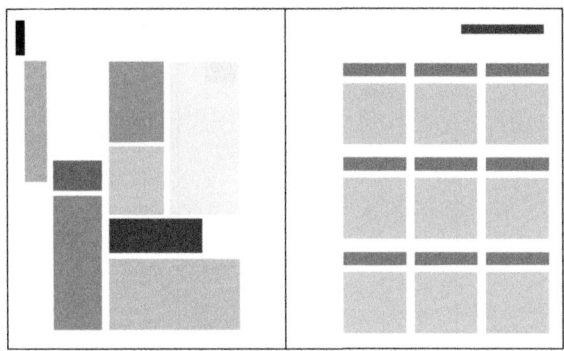

■ **Polarizado/Desorientado:** la polarización alude a la alineación de los elementos enfocados hacia un punto concreto, siendo la desorientación la ausencia de esa ordenación.

Polarizado/Desorientado

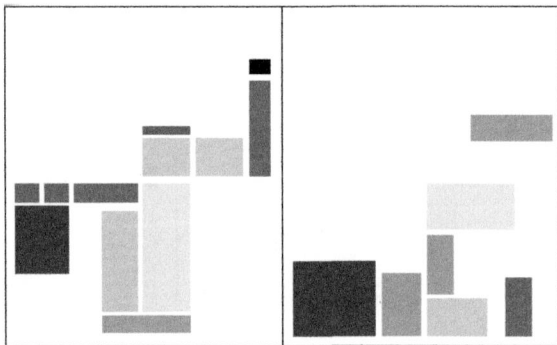

Actividades

12. Recorte algunas fotografías y fragmentos de texto de revistas y pruebe a realizar diferentes composiciones sobre una cartulina blanca (tamaño A4 o A3) alternando los aspectos de diseño que se acaban de explicar (agrupación, dinamismo, simetría, etc.).

Configuración geométrica

La configuración geométrica de la superficie de trabajo de la página viene determinada por la articulación del espacio y sus relaciones de proporción. Esta determinación será necesaria para la correcta distribución de los diferentes elementos que se incorporarán a la maquetación.

Aunque una decisión consciente e intencionada de diseño pueda llegar a transgredir las condiciones normales de esta construcción, la definición tradicional del plano de trabajo implicará la constitución de unos límites o márgenes como guías invisibles que delimiten **la zona viva:** el área de trabajo en la que se introducirán los diferentes elementos que participarán de la maquetación. Su función, más allá de las condiciones de diseño tendrá un carácter funcional, sirviendo, por ejemplo, para permitir anotaciones o para evitar que los dedos obstaculicen la lectura mientras se sostiene el documento.

Normalmente, un documento posee cuatro márgenes: el superior, el inferior, el exterior y el interior. Siendo el interior el más próximo a la encuadernación del libro. En los casos no encuadernados, los márgenes laterales se denominan sencillamente: izquierdo y derecho.

Definición

Margen

Es el espacio reservado en el borde de una página, en el que no se incorporan contenidos y, por lo tanto, queda en blanco.

En principio, no existe una medida prefijada o regla que sea la adecuada para la definición de los márgenes. No obstante, la edición profesionalizada suele establecer unos márgenes a los maquetadores en relación al tipo de publicación.

Márgenes en un libro

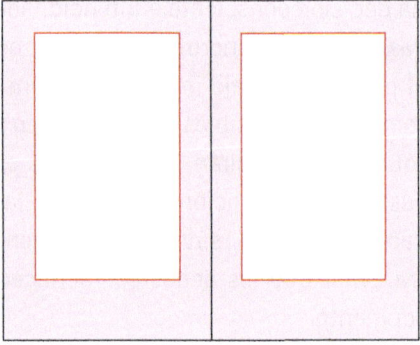

En ocasiones estos espacios se establecen mediante procedimientos geométricos -proporción áurea, relaciones de longitudes, etc.- y en otras mediante cálculos aritméticos. Para publicaciones encuadernadas de dimensiones comunes, en general, se recomienda:

- Un margen superior entre el 7 y el 15 % de la altura de la página.
- Un margen inferior entre el 100 y 200 % del margen superior.
- Un margen exterior entre el 60 y 80 % del margen superior.
- Un margen interior entre 150 y 200 % del margen superior.

En cualquier caso, las dimensiones de los márgenes serán establecidos en relación a cuestiones estéticas y, sobre todo, prácticas, como la necesidad de introducir más elementos o por motivos económicos (reducción de costes).

Por lo tanto, será igual de factible encontrar publicaciones que tengan un margen de casi la mitad de una página u otras en las que uno o varios márgenes hayan desaparecido.

 Sabía que...

Antiguamente, los márgenes eran bastante más amplios para permitir la posterior introducción de anotaciones, observaciones y otros comentarios manuscritos que quedasen para futuras lecturas.

Textos

El texto compone generalmente el elemento base y más abundante en la maquetación de productos editoriales, por lo que del acierto en su tratamiento dependerá, en buena medida, el éxito del trabajo. Así pues, es imprescindible conocer las configuraciones más frecuentes de mancha de texto.

Normalmente, el contenido continuo y la estructura lineal propias de las novelas demandan una distribución en una **única columna.** Esto condiciona la selección de un tamaño (cuerpo) de texto considerablemente grande, para impedir que el exceso de palabras por línea provoque cansancio en la lectura (la sensación de que no se avanza). En este caso, la rigidez del formato conlleva una coexistencia limitada con otros elementos (imágenes, mapas, etc.), resumiéndose esencialmente a la sustitución de algunos renglones o la totalidad de la página por el recurso.

No obstante, hay casos en los que la imagen se sumerge en el texto quedando rodeada del mismo. Aunque es una solución viable, el desequilibrio que suele producir hace que, en general, no sea recomendable, especialmente cuando la imagen no tiene un contorno rectangular lo que provoca anchuras de línea variables y azarosas que entorpecen la lectura fluida.

Era usual que las novelas hasta mediados del siglo XX se organizasen en composiciones de **dos columnas.** No obstante, en la actualidad, este formato (con columnas desiguales) es más característico de libros de diseño o manuales didácticos. Esta disposición favorece la ordenación clarificada y concisa, presentando una mayor versatilidad que propicia el refuerzo conceptual mediante la integración de diversos elementos (fotografías, esquemas, etc.).

 Nota

Aunque el sistema de percepción visual provoca que el espacio entre columnas se perciba inmediatamente como una discontinuidad (física y de contenido) cuando el ancho de esta separación sea suficiente, ocasionalmente se introducen líneas, filetes, corondeles u otras filigranas para remarcar esta diferenciación.

La diagramación en **tres columnas** es característica de composiciones publicitarias o divulgativas (folletos, boletines) dado que soporta especialmente bien la compaginación con múltiples imágenes, bocetos y diferentes formatos de texto (colores, tamaños, etc.).

Es poco frecuente encontrar una maquetación de **cuatro o más columnas** fuera del contexto periodístico (aunque no por ello sea imposible). Esto se produce a causa de las grandes dimensiones de su formato y de la densidad de contenido textual. De esta forma, se facilita la composición cuando hay mucho texto y es viable establecer una clasificación entre las columnas, relegando los contenidos secundarios (noticias menores, opinión) a los espacios laterales, mientras que el espacio central, con prioridad visual, queda reservado para la información más destacada.

En otro sentido, es frecuente la combinación entre recursos gráficos y textos, con una clara tendencia a la superposición (sobreimpresión) parcial o total de la imagen por el texto. Es imprescindible atender al contraste cromático para evitar la interferencia que pueda producir complicaciones en la lectura o apreciación de detalles. Una solución frecuente es alejar el texto de la imagen, al menos de la parte esencial de la misma o, si es posible, ubicarlo sobre un fragmento homogéneo donde no entorpezca su comprensión -como el cielo de un paisaje, una pizarra en una clase, etc.-. También es habitual la introducción de un pequeño solape del texto sobre la imagen, especialmente en las de contorno irregular, que refuerce el vínculo entre sendos elementos.

Ejemplo de impresión sobre imagen

Aunque la ordenación del texto en columnas es lo más frecuente, hay casos en los que la composición permite un mayor grado de libertad (paneles resúmenes, propaganda, cartelería) llegando a encontrar textos que forman todo tipo de dibujos. En estos casos hay que recordar que, pese a que la libertad de diseño pueda ser ilimitada, la prioridad siempre debe ser la **claridad de mensaje.**

Elementos gráficos

Comúnmente, en la mayor parte de los trabajos de maquetación suelen participar un material textual y una serie de recursos gráficos que **apoyan e ilustran el mensaje.** Estos componentes, de naturaleza bien diferenciada, deben interrelacionarse acertadamente para mantener la armonía y no distorsionar la información, produciendo un resultado que presente el contenido **de manera atractiva y nítida.**

Puesto que en el plano de trabajo serán las imágenes las que produzcan un mayor impacto visual, se deberá poner atención en su ubicación, así como también habrá que ser minucioso en la definición de sus atributos (tamaño, color, textura, etc.), puesto que todos estos factores condicionarán la aproximación al documento y afectarán al recorrido visual y, por ende, al orden de lectura.

 Consejo

Seleccione siempre que pueda imágenes nítidas que le permitan clarificar conceptos o sostener argumentos. Además, elija en la medida de lo posible fotografías de elevada calidad estética.

Las medidas de los componentes gráficos ejercen influencia en dos direcciones. Por un lado, está la **proporción,** que es la relación de dimensiones entre un elemento y el resto de componentes de la maquetación, así como la escala relativa al plano de trabajo. Esta dependencia afecta al receptor en la medida en la que se entiende la composición como un todo. Así se puede decir que una fotografía que se extiende por tres cuartas partes de la hoja captará toda la atención en detrimento del cuarto restante dedicado al texto, o que una ilustración se pierde rodeada por un texto mucho mayor que esta.

Por otro lado, el **tamaño** es la superficie que ocupa el objeto en condiciones absolutas, es decir, en relación al espectador. Esto influye a la forma en la que se percibe el conjunto, de manera que los elementos de grandes dimensiones invitarán a posicionarse con cierta distancia para ganar perspectiva de conjunto, mientras que los objetos pequeños requerirán cierto acercamiento a la publicación.

Normalmente, la relación de proporción entre los elementos suele ser pequeña, de forma que se mantenga el equilibrio, sin embargo, el uso del contraste de la escala de los componentes es un recurso mediante el cual el elemento sobredimensionado capta la atención de forma eficaz. Esta técnica es usada en la pintura, en la fotografía y, especialmente, en el cine.

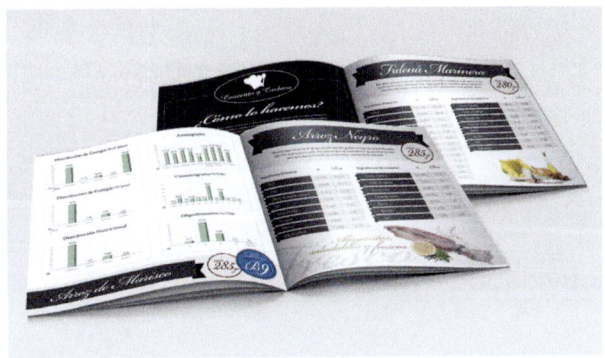

Muestra de introducción de recursos gráficos en un catálogo

Los elementos gráficos poseen uno o varios colores, sin embargo, no será el color (en sí) lo que lo haga destacar en la composición, sino el **contraste** de color, es decir, la diferencia de color. El contraste podrá basarse en la discrepancia de luminosidad de un tono, es decir que una tonalidad clara destaque sobre una oscura y viceversa —el negro sobresale más sobre el blanco que sobre el gris oscuro—. De otra forma, el contraste podrá sustentarse en la desigualdad cromática, siendo este mayor cuanto más distancia haya en el círculo cromático (el naranja resalta más sobre el azul que sobre el rojo).

En general, el objeto más oscuro y de color más intenso pesa y se hunde, mientras que, por el contrario, el más claro y de gama de color pastel parece más liviano y sobresale. En todo caso, siempre se puede trabajar con las dos variables del contraste a fin de conseguir resultados más pronunciados o sutiles.

No hay que despreciar las condiciones expresivas del color o importancia de las sensaciones cromáticas, puesto que existen numerosos estudios y publicaciones que recogen asociaciones sensoriales y psicológicas en relación a un determinado color.

 Ejemplo

El rojo se asocia al deseo, a la pasión, a la sangre; o el negro, a la muerte, al silencio.

 Actividades

13. Consiga información sobre las sensaciones cromáticas, valiéndose de los recursos que considere oportunos; léala detenidamente y reflexione al respecto.
14. Busque algún reportaje de una revista que ocupe al menos cuatro páginas. Observe cada imagen por separado, anotando qué le sugiere. Seguidamente, lea los textos destacados y anote nuevamente. Por último, lea el cuerpo de texto y reflexione sobre el acierto en la selección de componentes gráficos.

Espacio

Es habitual que el diseñador inexperto enfrentado al plano de trabajo tienda a intentar ocupar cada resquicio, como si tuviese miedo a dejar algo de superficie sin ocupar. Sin embargo, el espacio libre tiene tanta importancia en una composición como cualquiera de los otros elementos que formen parte de ella. **El vacío es parte fundamental del diseño.**

El espacio es la ausencia de contenido, es la separación entre los elementos.

El vacío juega un papel fundamental en muchas maquetaciones

El **contraste entre lleno y vacío** hace destacar los elementos del diseño por oposición, de manera que llamará mucho más la atención una imagen rodeada de una superficie libre que una que esté envuelta por un grupo de ellas. Mientras que la ausencia de espacio, la aglomeración de componentes provoca una sobreinformación que cansa al ojo, la introducción de pequeños espacios acentúa y matiza la relación entre objetos (dos fotos contiguas se entienden como un todo unitario, mientras que una mínima separación entre estas añade connotaciones de contraste).

En definitiva, a la hora de maquetar un trabajo es necesario detenerse en los componentes a introducir y sus características (formato de texto, atributos de imágenes, títulos), pero no hay que prestar menos atención a las dimensiones del espacio entre ellos.

Definición

Espacio

En una composición, es la distancia entre textos, imágenes y otros elementos del diseño.

Formato de publicación

A la hora de realizar un proyecto de maquetación se hace imprescindible conocer cuál será el medio (físico o no) en el que se va a presentar el trabajo y cuáles serán sus atributos.

Es obvio que no es lo mismo diagramar un contenido para ser publicado en una revista, impreso en folletos o expuesto en carteles. Esto, además de tener que ver con el tipo de receptor, tendrá relación con la forma y dimensiones del soporte. Será posible encontrar publicaciones cuadradas, rectangulares, alargadas, compactas, grandes, pequeñas, etc.

En todo caso, el maquetador tendrá que **adaptarse al formato** conociendo sus medidas finales antes de afrontar el trabajo. Su labor será configurar un orden compositivo con una jerarquía propia de base sobre la que establecer un recorrido visual. Es decir, el diseñador deberá aprovechar las características propias del formato en su composición.

 Aplicación práctica

Una empresa de montaje de estructuras quiere incorporar a su oferta la venta de celosías. Además de ofrecer un contacto para solicitar presupuestos o atención personalizada, desea incorporar algo de información en su catálogo. Usted recibe este encargo. ¿Qué contenido textual y gráfico incorporará? ¿Cuál será su criterio jerárquico?

SOLUCIÓN

En primer lugar, usted debería obtener el catálogo en sí para conocer la manera en la que se estructura, la ordenación de la página tipo, etc. De esta forma ya conocería cuál es el formato al que deberá ceñirse.

Por otro lado, sería aconsejable que se informarse acerca de estas estructuras para conocer los principales aspectos que habrá que exponer. Además, tendrá que interesarse por los modelos y características que se van a comercializar.

Seguidamente, establecería unos contenidos que jerarquizaría según el siguiente esquema:

1. La celosía

    1.1. Definición
    1.2. Características

2. Breve historia de la celosía
3. Clasificación

    3.X. Tipologías (solo las "X" que se oferten)

4. Ventajas del uso de celosías

En cuanto al material gráfico, usted debería tomar alguna imagen impactante y atractiva del uso de la celosía como un detalle arquitectónico o un puente para ilustrar la definición. Por otro lado, añadiría unos dibujos esquemáticos sobre los tipos de celosías, puesto que facilitarían la diferenciación de estos. Finalmente, ilustraría las ventajas con un par de imágenes en las que intencionadamente mostrase la sencillez de la instalación de la celosía prefabricada en contraposición con el engorro que supone una solución alternativa.

Teorías compositivas

La maquetación no ha permanecido impermeable a las tendencias artísticas contextuales de cada momento, por lo que la forma en que se han planteado las estructuras compositivas han ido evolucionando, pudiendo identificar un estilo clásico o tradicional, uno moderno y uno influenciado por los nuevos medios audiovisuales, contemporáneo.

El estilo clásico

Ya Platón hablaba de composición al puntualizar la imposibilidad de armonizar dos elementos sin un tercero, aludiendo a un componente relacional que los vincule; siendo, idealmente, el propio conjunto este componente armonizador. Es decir, **la suma de las partes debe reforzar la relación de las partes en sí.**

Ejemplo

En cuanto a composiciones, proporciones o equilibrio, la naturaleza siempre es un buen referente. Así se puede observar cómo un banco de peces en movimiento bajo el agua potencia la identidad de cada pez. Igualmente, un panal de abejas refleja el sentido de la agrupación de las celdas hexagonales.

Por su parte, Vitruvio, célebre arquitecto romano, adopta este principio introduciendo algunos matices, fundamentalmente geométricos y subraya **el valor de la proporción y la virtud de la simetría,** que define de forma muy personal como la relación entre las medidas de los diferentes componentes a ordenar y de cada uno de los elementos con el todo.

Para la aplicación de esta teoría compositiva, Vitruvio, recoge los estudios de Euclides, quien desarrollo una fórmula matemática conocida como la proporción áurea o sección áurea que trazaba una relación de proporcionalidad entre los lados cortos y largos de un rectángulo. Esta relación definía un rectángulo (denominado rectángulo áureo) en el que la sustracción de un cuadrado de lado igual a su lado menor, da como resultado un rectángulo semejante al primero.

Sabía que...

Euclides fue un matemático griego que vivió entre los siglos IV y III a. C. y que desarrolló la geometría clásica (también llamada euclidiana) que se recoge en su obra, Los Elementos, que sigue en uso y vigente en muchos ámbitos.

De esta forma, se define un coeficiente según el cual al dividir una recta en dos segmentos desiguales, la proporción entre el menor y el mayor es idéntico a la proporción entre el mayor y la recta. El número áureo tiene un valor de 1'618 (la proporción áurea es igual a 1:1'618) y se representa por la letra griega φ (fi).

Descripción gráfica de la proporción áurea

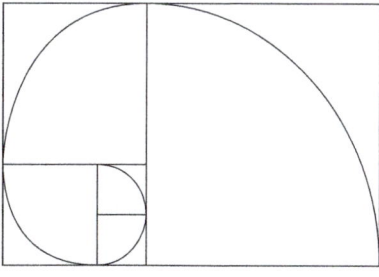

A consecuencia de estos desarrollos, Vitruvio sostiene que en una composición los elementos ubicados a tenor de esta proporción respetaban el equilibrio del conjunto y reafirmaban la armonía del diseño.

Estos principios son recuperados durante el Renacimiento, quedando latentes en el imaginario occidental hasta el presente. Desde sus inicios, la maquetación se ha sustentado en la delimitación de unos márgenes dentro de los que distribuir texto e imagen, respetando en gran medida las proporciones clásicas.

Igualmente, se ha demostrado la frecuente presencia de este coeficiente en la naturaleza, apareciendo comúnmente en relaciones de dimensiones o cantidad. Por ello ha sido fruto de numerosos estudios científicos e incluso ha adoptado el nombre de **divina proporción**. Es por todo esto por lo que esta proporción resulta más habitual y preferible.

El estilo moderno

Desde finales del siglo XIX y, especialmente, principios del XX comienzan a sucederse una serie de vertiginosos cambios en lo social que no pueden pasar desapercibidos para el mundo de la maquetación. La Revolución Industrial y el ocaso de la vieja Europa dan lugar a nuevas necesidades, gustos y criterios estéticos.

Tal vez sea posible afinar hasta localizar en Alemania el principal origen de estos cambios, sin olvidar la pujanza americana o la revolucionaria Rusia. No obstante, será desde el país centroeuropeo desde donde surgirán las principales teorías que propiciarán este cambio.

Para empezar, habrá que mencionar las ideas de la *Gestalt* (del alemán, dar forma), corriente psicológica que ahondará en **la interpretación de las percepciones visuales subjetivas** por parte del cerebro. Así se identifican algunas habilidades o trampantojos mentales como la capacidad de completar objetos reconocibles aunque no se vean en su totalidad, cualidad de identificar volúmenes en elementos bidimensionales, facultad de percibir objetos complejos como suma de otros más simples, etc. Pronto toda esta teoría comenzará a ser aplicada a la composición, especialmente en el mundo del arte y la publicidad.

Logotipo de la Bauhaus, que sigue la corriente Gestalítica provocando
la percepción de un rostro a partir de una formación geométrica

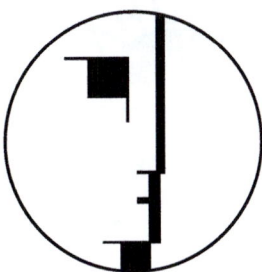

Sin embargo, el gran salto cualitativo vendrá dado por las nuevas co-
rrientes surgidas en la escuela de diseño, arte y arquitectura Bauhaus,
donde tendrán origen algunas especialidades, indefinidas hasta ese momento, como el diseño gráfico o el industrial. Este aporte diferencial ven-
dría dado por una ruptura con la tradición establecida, desligando el diseño de las normas heredadas.

La búsqueda de la objetividad en un ejercicio racionalista derivará hacia unos principios de funcionalidad por los que la función configurará la
forma, o lo que es lo mismo, **la forma sigue a la función.** Este fundamento,
casi obvio, libera las ataduras tradicionales y suprime el ornamento insus-
tancial. Por eso mismo se incorpora el valor de la economía de medios al
diseño, reconociendo la importancia de la sencillez. *Less is more* ("Menos
es más", en castellano), como dijese el arquitecto y director de la escuela,
Mies Van der Rohe.

 Sabía que...

Una buena parte de los productos de diseño actuales están claramente influenciados por
estas ideas: todo tipo de muebles o dispositivos tecnológicos *(iPad, iPhone, Meta Quest...).*

Póster de exhibición de Joost Schmidt, según los nuevos principios de composición de la Bauhaus

Será en la Bauhaus donde se le perderá el miedo a la oblicuidad y al vacío en la composición. El espacio en blanco, por oposición con el espacio ocupado, se pondrá en valor y realzará. De esta forma, la estima por los contrastes se extenderá hacia otros muchos parámetros. A saber, mientras que un equilibrio excesivo hará una composición tediosa, demasiada inestabilidad le restará aplomo; o también la simetría otorgará estabilidad frente al dinamismo propio de la asimetría, etc.

Todos estos valores propios del diseño en general tendrán su reflejo en la maquetación moderna al liberarse del corsé del estilo tradicional. Los rígidos criterios estéticos establecidos darán paso a una libertad en la que la prioridad será la transmisión del mensaje y el objetivo de la composición siempre será afianzarlo.

Actividades

15. Busque información y muestras sobre las leyes de la Gestalt. Recapacite acerca de si conoce algún caso en publicidad e imagine una posible aplicación en la diagramación.
16. Recoja alguno de los múltiples ejemplos que se pueden encontrar en internet de maquetaciones "estilo Bauhaus" y pruebe a componer en un boceto a mano la portada del periódico de hoy de manera similar. ¿Qué conclusiones saca?

El estilo contemporáneo

La revolución tecnológica iniciada a finales del siglo XX ha terminado desfasando las reglas de maquetación heredadas. Aunque no quiera decir que estas sean inútiles. El hecho es que la difusión de Internet y las nuevas formas de comunicación han alterado las condiciones. Mientras que hasta hace solo un par de décadas la maquetación estaba indisolublemente ligada a la impresión, los medios digitales han acabado con este principio.

La tecnología ha alterado la relación entre el diseño editorial y su receptor.

De esta manera, la introducción de elementos audiovisuales, la interactividad con el espacio diseñado o el movimiento de la composición son nuevas posibilidades imposibles para el papel.

Es evidente que un formato adecuado para la prensa escrita no es adecuado para una presentación de *PowerPoint* o que la maquetación de un libro difícilmente será apropiada para una aplicación para el móvil. Así, **un medio diferente requiere unas normas distintas.** En este caso solo hay una regla: sin reglas. Tan solo hay que observar los medios (prensa, libros, publicidad, webs) para darse cuenta de que todo, casi todo, vale si el resultado es bueno.

Muestra de la libertad compositiva contemporánea

Pese a que la realidad evidencie las muchas diferencias entre el contexto actual y el de tiempos anteriores, hay que atender por encima de todas estas discrepancias a la principal igualdad: el receptor.

Recuerde

No importa que las herramientas actuales ofrezcan un sinfín de posibilidades creativas y que la libertad compositiva sea, en algunos casos, casi ilimitada. Siempre hay que mantener el principio de que el producto maquetado debe ser más claro, más interesante y más atractivo que sin maquetar.

Aunque los gustos hayan variado, la función comunicadora se sustenta sobre los mismos principios de siempre: expresión y comprensión. Por lo tanto, cualquier proyecto de composición tendrá que **respetar la intención comunicativa** (del material a maquetar) para subrayarla, cuidando el orden, la claridad y, eso sí, atendiendo especialmente al medio en que se vaya a presentar.

Actividades

17. Exponga cómo piensa que afectan las nuevas relaciones de interactividad al trabajo de composición. Comente, según su juicio, las ventajas e inconvenientes para el maquetador.

3.3. Creación de retículas compositivas

A la hora de iniciar un trabajo de maquetación, la decisión acerca de la disposición ordenada e intencionada del espacio que ocuparán los elementos (imágenes, titulares, cuadros de texto, etc.) marcará definitivamente el resultado final del proyecto. Una de las posibles, y más habituales, formas de afrontar esta decisión es recurrir al diseño de una retícula compositiva.

Una retícula es un procedimiento utilizado para establecer una armonía consistente, en la que textos, gráficos y otros elementos de la maquetación presenten una jerarquía apreciable visualmente.

La retícula compositiva es una **estructura que sirve de guía** organizativa donde se delimitan y ordenan unas superficies que definirán las formas, las dimensiones, las proporciones y la ubicación de los diferentes clases de elementos.

Ejemplo de retícula sencilla y versátil

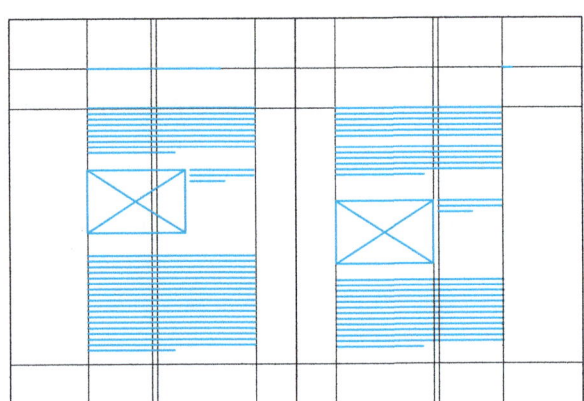

 Definición

Retícula compositiva
Es un sistema de planificación que organiza el espacio de trabajo de manera regular y jerarquizada.

Este tipo de configuración también hace que la lectura sea más sencilla y rápida, ya que se consigue que a golpe de vista se pueda percibir el orden del contenido. Además, la ordenación del texto es reconocible por la memoria visual, lo que facilita su asimilación y la capacidad de recordarlo, por lo que es muy usado en material didáctico.

Normalmente, la retícula queda conformada como una malla de ejes ortogonales verticales y horizontales, donde se distribuyen los contenidos. No obstante, también es posible encontrar composiciones con trazas oblicuas, guías no perpendiculares o incluso formas curvilíneas o circulares. En todo caso, estas variaciones son poco frecuentes y siempre por cuestiones puramente estéticas.

Esta matriz que se genera divide el espacio de trabajo en campos acotados en los que **establece una pauta** que sirve de guía para disponer textos o imágenes con diferentes grados de importancia. Configura así una base racional que sirve de referencia objetiva en el marco del diseño. Por ello resulta especialmente interesante su aplicación cuando un conjunto de diseñadores trabaja en un mismo proyecto en colaboración o para componer un documento de numerosas páginas con **unidad, claridad y coherencia** global. La retícula sirve de patrón a seguir que permite mantener una concordancia.

Antes de entrar en el desarrollo en profundidad del proyecto se suelen plantear un par de páginas modelo. Páginas, y no página en singular, porque es habitual hacer una par y otra impar en consideración a la diferencia de márgenes a la hora del encuadernado (si es un trabajo pensado para su impresión) y ver el resultado de ambas enfrentadas.

 Nota

Una página modelo funcionará como arquetipo a seguir por el resto de las páginas. Por esto recogerá todos aquellos elementos y características que se repetirán a lo largo del proyecto, como dimensiones y posición de imágenes, límites del cuerpo de texto, encabezados o pies de página, espacio para notas, márgenes, etc.

Actividades

18. Plantee mediante esbozos realizados a mano cinco propuestas de posibles retículas adecuadas para una revista (de algún tema que le interese) con formato de página en A4.
19. Elija alguno de los diseños realizados en el ejercicio anterior y llénelo de contenido introduciendo imágenes y textos recortados de prensa a modo de *collage*.

El trabajo con estas plantillas incrementa la eficiencia del ejercicio y reduce el tiempo de ejecución de la obra. Sin embargo, la homogeneidad que asegura puede llegar a lastrar la publicación por un exceso de monotonía. Así, la complejidad consiste en encontrar el punto medio entre el orden mecánico y reiterativo de la retícula y la necesidad de alterarla introduciendo detalles creativos.

La ruptura puntual de la norma favorece la armonía de la publicación, aportando un valor personal por oposición al estilo predominante. No obstante, aunque la discordancia intencionada de la retícula puede ser favorecedora, la abundancia de excepciones o el mal uso de las mismas pueden repercutir negativamente en la comprensión del patrón.

Una retícula puede ser tan básica o complicada como se desee. Un caso sencillo realizará divisiones sin atender en exceso al contenido, mientras que a mayor complejidad será necesario estudiar los componentes (especialmente el texto) para incluir una mayor especificidad de divisiones (distintos tamaños o subdivisiones) y asegurar la versatilidad de las mismas.

Modelo de retícula del New York Times

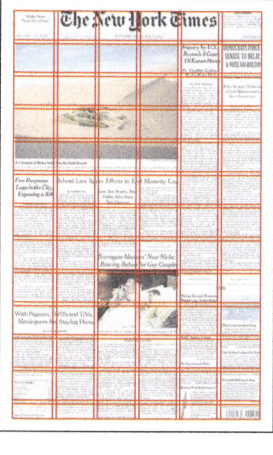

Retícula

Diseño basado
en la retícula

Diseño final

Configurada la retícula y teniendo claros los elementos de la composición, se iniciará su disposición, distribuyendo el texto y el resto de elementos gráficos por el espacio acotado. La introducción de imágenes quedará limitada por las dimensiones de los recuadros de la retícula, lo que condicionará sus dimensiones o implicará la selección de fragmentos o la modificación del encuadre.

Aunque puedan existir semejanzas entre diferentes proyectos que puedan hacer que las diferentes retículas sean similares, cada uno presentará unos rasgos particulares que influirán en la configuración definitiva de alguno de los elementos de la retícula:

- Forma, tamaño y orientación de la superficie
- Márgenes
- Regularidad de las divisiones
- Número y dimensiones de las divisiones
- Separación entre las divisiones
- Áreas para texto, jerarquía de estas y formatos de texto
- Espacios para ilustraciones, esquemas, etc.
- Otros elementos gráficos, estéticos u organizativos

Recuerde

Aunque la retícula compositiva sea una plantilla que ordene el espacio de trabajo y delimite unas áreas en las que inscribir los elementos de la maquetación, siempre se podrá transgredir la norma para introducir recursos que rompan la monotonía y favorezcan la comunicación.

Aplicación práctica

Un periódico local cumple 25 años de publicación, en los que prácticamente no ha tenido variaciones de diseño. Hasta ahora ha presentado una maquetación a tres columnas separadas por filetes y rodeadas por un marco a línea simple, y un encabezado austero que incluye el nombre de la publicación, el número de página y la fecha. A causa de la efeméride pretende renovar su imagen y usted participa de ese cambio en lo concerniente a una modernización del modelo de retícula. ¿Qué criterios seguiría?

SOLUCIÓN

Siempre es importante conocer el contexto para el que se va realizar un trabajo, por lo que una observación detallada de los modelos de diversos periódicos locales o incluso de tirada nacional sería casi imprescindible. Además, parece aconsejable ojear algo de prensa internacional para obtener una visión más panorámica. Esta investigación previa debería darle algunas ideas que reposar previamente al desarrollo de la propuesta.

Un encabezado dice mucho de la imagen que quiere transmitir un periódico, con lo que incorporar elementos visuales como un logotipo o color siempre sería favorable. Además, podría incluirse más información (como el nombre de la sección).

Probablemente, la sencillez permita una visión más clara y pulcra del contenido, lo que sustente esa confianza que debe transmitir un periódico, de manera que limpiar la hoja de filigranas, líneas y marcos en la medida de lo posible tiene que ser una premisa. Su presencia debería quedar limitada a separaciones puntuales e intentar sustituirlas o compaginarlas por fondos resaltados (en gris) u otros recursos.

Continúa en página siguiente >>

<< Viene de página anterior

Por otro lado, una división en menos de cuatro columnas implica unos anchos de línea demasiado extensos, que repercuten en una lectura tediosa. Así, seguramente optar por un formato de cinco columnas de igual anchura sería adecuado puesto que es una solución muy versátil que permite la coexistencia de fotografías de considerables dimensiones sin provocar rupturas en la lectura (3+2 columnas), o la incorporación de resaltados y espacios reservados a columnas de opinión.

Propuesta de modelo de retícula y muestra de ejemplo

1.

2.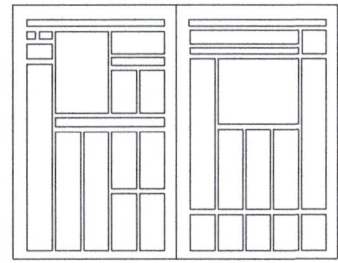

3.

4. Creación de páginas maestras

La página maestra es el **modelo de página** que se configura para un proyecto de maquetación o documento editorial preciso, fijándose como diseño base para la elaboración de las páginas reales.

 Nota

Existen múltiples formas de referirse a la página maestra, siendo maqueta o maqueta maestra las alternativas más frecuentes. Sin embargo, existen otras denominaciones como maqueta base, plantilla, página base, página máster o, simplemente, máster que aluden exactamente a lo mismo.

En la página maestra se incorporarán todas las condiciones de estilo, atributos generales y estructuras de ordenación de elementos que conformarán el documento resultante. La finalidad de estas es asegurar una regularidad de la presentación y una coherencia compositiva que asegure la uniformidad del proyecto.

Al definir una maqueta maestra **no se está precisando una página "real"**, sino que se establece un estándar que aplicar, llenar de contenidos y singularizar, si es necesario, para obtener la página definitiva.

Diagrama de funcionamiento de la página maestra

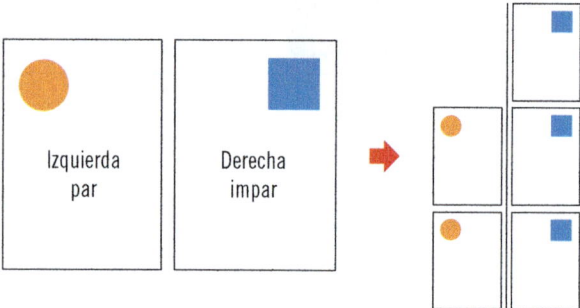

 **Definición**

Singularizar
Es el hecho de introducir pequeñas variaciones sobre el diseño o los componentes de una página maestra a fin de resaltar algunas particularidades o romper la monotonía del proyecto de maquetación.

Tradicionalmente, el uso de la página maestra tenía como objetivo que la totalidad de las páginas de la publicación exhibiese un diseño y presentación, más que homogéneo, idéntico. Esta reiteración en libros, periódicos o revistas, que buscaba reforzar la unidad del producto ha ido paulatinamente desvaneciéndose en pos de una laxitud en el diseño. Por eso, mientras que antaño lo normal era la existencia de una única maqueta como formato predefinido, actualmente las publicaciones más complejas pueden contener decenas de plantillas. No obstante, un documento común rara vez sobrepasa las diez páginas maestras.

 Actividades

20. Consiga un periódico. Analícelo detenidamente e identifique las diferentes páginas maestras que encuentre en él.
21. Realice un diagrama a modo de árbol, dibujando en esbozo las familias y variaciones de páginas maestras del ejercicio anterior.

La mayoría de los diferentes programas informáticos que se usan en la actualidad cuentan con sistemas que consideran el control de páginas maestras, facilitan el trabajo con las mismas y posibilitan la alteración o manipulación de estas de una forma práctica y efectiva. Probablemente, la digitalización de los procesos de edición haya repercutido en la multiplicidad y singularidad de las maquetas.

Normalmente, la configuración de estas páginas suele llevarse a cabo antes de comenzar a introducir contenidos, definiendo los elementos a incorporar, la ordenación y el resto de rasgos estilísticos.

Es importante trabajar concienzudamente la resolución de cada página maestra, siendo aconsejable la realización de bocetos y diferentes propuestas antes de decantarse por una, puesto que del acierto en su elección dependerá la forma y rapidez del trabajo con el contenido (imágenes, textos) y el modo en que será percibido por el receptor (orden, claridad, etc.).

 Definición

Página maestra
Una página maestra no es una composición concreta, sino que es un conjunto de rasgos, dimensiones, posiciones y elementos que precisan el comportamiento y la apariencia ejemplar que presentará el conjunto de páginas a las que se les aplique.

Los documentos que cuentan con páginas opuestas, al igual que al diseñar retículas compositivas, suelen tener pares de maquetas maestras: una derecha y otra izquierda. Esto se hace así para evaluar las páginas enfrentadas en un todo semejante al resultante en la publicación.

4.1. Elementos de la página maestra

En un proyecto de maquetación cada página maestra contendrá los elementos que se repetirán con idéntico tratamiento y ubicación a lo largo de una fracción del documento.

Hay que destacar que los componentes de la maqueta deben repetirse a lo largo de la publicación en forma, pero no necesariamente en contenido (aunque hay casos en los que este también se puede repetir). Por consiguiente, habrá que considerar:

- El tamaño y formato del papel o medio de publicación.
- La orientación del papel o medio de publicación.
- Número y dimensiones de columnas, si las hay.
- Proporción entre texto e ilustraciones.

Ejemplo de página maestra

 **Importante**

El uso de páginas maestras repercute en un considerable ahorro de tiempo, puesto que mediante estas se consigue evitar la necesidad de disponer los diferentes elementos que se van a repetir a lo largo de todas las páginas del documento.

Los elementos que se definen en una maqueta aparecen repetidos en el conjunto de páginas sobre las que esta se aplica, por eso se denominan **elementos maestros.** Sus componentes más habituales son estos:

- Encabezados
- Pies de página
- Numeración
- Secciones
- Logotipos
- Cuadros de texto
- Marcos de imágenes
- Ilustraciones
- Marcas de agua
- Marcadores de posición
- Elementos ornamentales

 Consejo

Es recomendable iniciarse en el trabajo con páginas maestras definiendo composiciones elementales, muy sencillas, para evitar resultados que perjudiquen el producto terminado. En todo caso, la publicación siempre podrá complejizarse mediante la introducción de contenidos puntuales.

Los diferentes *softwares* que se encuentran hoy aprovechan al máximo de sus posibilidades el trabajo con páginas maestras, permitiendo todo tipo de combinaciones y modificaciones parciales. La identificación de las mismas mediante nombres o prefijos simplifica su aplicación ordenada. Por otro lado, el habitual control de capas permite controlar la posición de los diferentes objetos pasándolos a un primer plano o al fondo de la hoja.

En definitiva, la utilización adecuada de las páginas maestras facilita enormemente la labor del maquetador.

 Definición

Elemento maestro
Es aquel objeto que formando parte de una página maestra, se repite en posición, en características y en algunos casos incluso en contenido a lo largo de múltiples páginas de una publicación.

 Actividades

22. Seleccione tres hojas de periódico pertenecientes a diferentes secciones (cultura, anuncios clasificados y programación, por ejemplo) y señale los elementos maestros que pueda identificar.

4.2. Aplicación de páginas maestras

Puesto que las páginas maestras no son páginas que se puedan publicar o imprimir por sí solas, dado que carecen de contenido, es necesario entender el modo en que se trabaja con ellas.

Se trata de modelos con atributos y condiciones que el diseñador puede aplicar sobre las páginas de contenido, por eso cualquier documento tiene, como mínimo, una maqueta maestra como formato predefinido (aunque sea tan absolutamente básico como un fondo blanco).

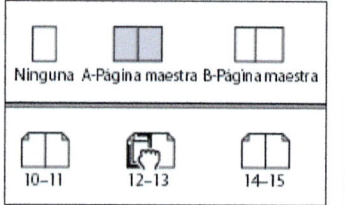 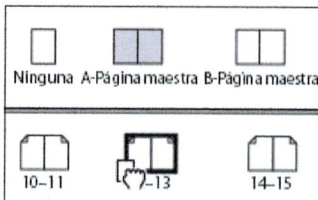

Aplicación de la página maestra

Recuerde

La página maestra funciona como un patrón que es posible aplicar para incorporar elementos y atributos a un conjunto de páginas.

En todo caso hay que diferenciar entre retícula compositiva y página maestra. Mientras que la retícula es un sistema de organización y jerarquía del espacio de trabajo, la página maestra es un **conjunto de características y objetos que se pueden aplicar a cualquier página** de un documento. No obstante, una página maestra puede contener una retícula y, de hecho, es algo frecuente.

Cuando una maqueta maestra es aplicada sobre una página concreta, la totalidad de los elementos y rasgos que están determinados en la primera son transmitidos a la segunda. Obviamente esta aplicación se puede realizar sobre una única página o sobre un conjunto de ellas.

Consejo

Use las páginas maestras para introducir numeración, logotipos, marcas de agua o secciones, es decir elementos que aparezcan a lo largo de todo el documento. Además, puede usarlas combinándolas con retículas para compaginar diferentes diseños en una misma publicación.

La principal finalidad de una página maestra radica en la intención de que cada conjunto de páginas o pliego repita el mismo diseño y presentación, ofreciendo un **resultado unitario y coherente,** fundamental para casi cualquier tipo de publicación (periódicos, libros, etc.).

En todo caso, la mayor relevancia del trabajo con páginas maestras viene del importante ahorro de tiempo que se produce, puesto que al aplicarlas sobre el resto de páginas, estas tomarán los mismos elementos (logotipos, marcas de agua, ornamentos) y atributos (estilo, fuentes, colores, etc.).

De esta forma, el maquetador se evita la necesidad de tener que configurar las características de cada una de las páginas que conforman el documento y, además, consigue obtener una unidad concordante en el diseño y la presentación.

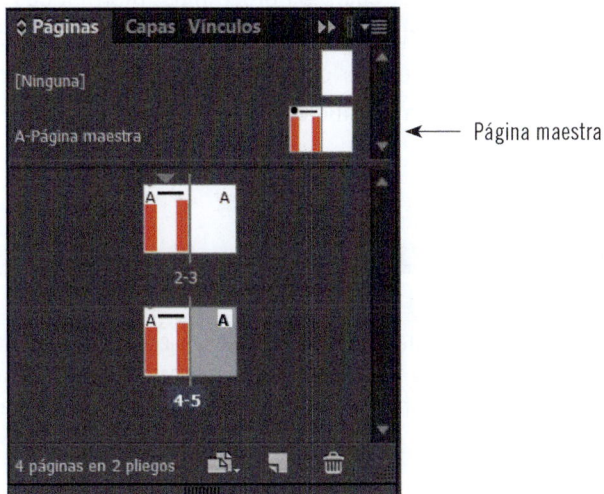

←— Página maestra

Ejemplo de página maestra aplicada

Recuerde

Los elementos y rasgos de una página maestra aparecerán en todas aquellas páginas sobre las que sea aplicada dicha página maestra.

Habitualmente —puede depender del *software*—, existe la posibilidad de que las maquetas maestras puedan estar compuestas por más de una página. Aunque lo normal es que sea de una o un par enfrentadas, se pueden encontrar formatos trípticos o desplegables (con más de tres páginas).

En resumen, la aplicación de páginas maestras es solo uno de los muchos procedimientos que ofrecen los programas informáticos de maquetación. Eso sí, creadas con acierto y usadas con buen juicio son una herramienta fundamental para el maquetador o el equipo de trabajo, puesto que aseguran coherencia y rapidez en la resolución de proyectos.

Consejo

De las páginas maestras que vaya definiendo, puede ir almacenando aquellas con las que quede satisfecho para conseguir poco a poco un catálogo o biblioteca de páginas maestras a las que poder recurrir para reutilizar con algunas modificaciones, si es necesario, en trabajos futuros.

4.3. Cambios en las páginas maestras

Cuando una página maestra es aplicada sobre otras páginas del documento se **genera un vínculo** unidireccional (aunque en ocasiones puede ser bidireccional) entre los atributos de una y otras. Así, los cambios que se puedan realizar en la primera serán repercutidos automáticamente sobre las segundas.

Esto es relevante puesto que posibilita que la modificación de algún parámetro que afecte a un conjunto de páginas pueda realizarse una única vez en lugar de tener que hacerlo una vez por cada una de las páginas (siempre y cuando en todas se haya aplicado una misma página maestra).

Introducción de modificaciones en el documento y la página maestra

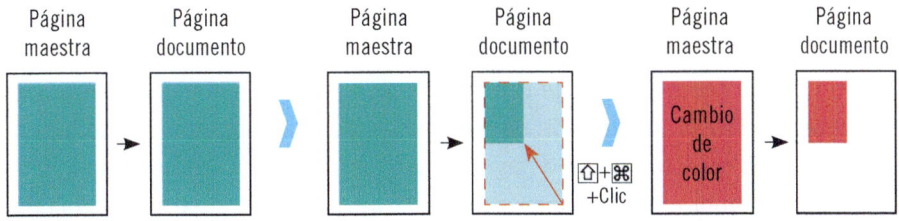

Se entenderá entonces que una meticulosa y correcta planificación del trabajo con las maquetas maestras redundará en un procedimiento cómodo y eficaz para introducir variaciones en el diseño compositivo de grupos de páginas.

 Actividades

23. Reflexione acerca de la introducción de singularidades en las páginas de contenido de un proyecto. ¿Considera positiva la incorporación de estos matices? ¿Cómo cree que afecta el exceso de particularidades a un documento? Justifique su respuesta.

En ocasiones, se pretenden incorporar pequeñas modificaciones en una página respecto de una maqueta. En estas circunstancias no es necesario realizar una composición de página maestra desde cero o, ni siquiera, partiendo de una existente. Siempre se podrá desvincular el elemento maestro para que las modificaciones no se apliquen a la maqueta —y, por lo tanto, al resto de páginas a las que se aplica—. Es decir, se podrán realizar cambios puntuales desligando el atributo o elemento en cuestión de la página maestra.

Consejo

Puede comparar variaciones de diseño configurando diferentes páginas maestras y aplicándolas de una en una a un contenido típico. Así podrá confrontarlos y decidir el más apropiado.

Otra de las posibilidades de uso de las páginas maestras es la generación de familias, esto es, la creación de variaciones de las maquetas que se basen en una **página maestra madre** o página maestra principal. Las diversas modificaciones se nombrarán como hijas o secundarias. De esta forma, se genera una relación en la que las secundarias incorporarán cualquier posible cambio de la primaria, no sucediendo lo inverso.

Funcionamiento de las familias de páginas maestras

Consejo

Dedicar unos minutos a la organización minuciosa del trabajo con las páginas maestras puede suponer un ahorro de tiempo considerable en el transcurso de un proyecto de maquetación. A la larga le será rentable, especialmente si se trata de una publicación asidua como periódicos o revistas.

Aplicación práctica

Una asociación vecinal de Vallecas lleva algunos años publicando una revista quincenal con cuya venta ayudan a subvencionar actividades solidarias y eventos festivos propios al barrio. El aumento de consumidores ha llevado a incrementar la tirada de la revista y su extensión, por lo que la pequeña copistería que se encargaba de editar y publicarla se ha visto desbordada. Al ser usted contratado descubre un negocio familiar en el que el trabajo de maquetación se lleva a cabo sin considerar el uso de páginas maestras por la costumbre adquirida de una formación autodidacta. ¿Cómo convencería usted a su jefe de que la utilización de estas sería beneficiosa para el trabajo?

SOLUCIÓN

Desde su posición de empleado tendría que dirigirse a su jefe con total respeto y educación, explicándole las bondades del trabajo con páginas maestras. Sería aconsejable que mostrase ante el propio programa informático la diferencia de tiempo que hay entre realizar un cambio página a página y el poder modificar solamente la maqueta. Además, debería hablarle de las comodidades que aporta para el trabajo colaborativo y la facilidad con la que permite la incorporación de nuevos compañeros al equipo.

5. Creación de hojas de estilo

Las **hojas de estilo** (en inglés *style sheets),* también llamados **estilos de texto,** representan una herramienta fundamental para los maquetadores o diseñadores que trabajan con cualquier tipo de programa de edición o tratamiento de textos.

Diferencia de un texto sin estilos (izquierda) y con estilos (derecha)

Picasso, un malagueño universal en Seúl.
El Seoul Arts Center de la capital surcoreana acoge la muestra más ambiciosa que ha organizado jamás la Fundación Picasso Casa Natal de Málaga.
El alcalde de Málaga, Francisco de la Torre, disfrutó hoy en Seúl de la muestra " Picasso de Málaga, Picasso Absoluto", una exposición que celebra al pintor como artista total y como malagueño universal.
El regidor se confesó "emocionado" de poder visitar, en el Seoul Arts Center de la capital surcoreana, esta muestra, la más ambiciosa que ha organizado jamás la Fundación Picasso Casa Natal, "que permite a la gente que la visite conocer, también a través del artista, la ciudad de Málaga", afirmó a Efe.

Picasso, un malagueño universal en Seúl

El Seoul Arts Center de la capital surcoreana acoge la muestra más ambiciosa que ha organizado jamás la Fundación Picasso Casa Natal de Málaga.

El alcalde de Málaga, Francisco de la Torre, disfrutó hoy en Seúl de la muestra " Picasso de Málaga, Picasso Absoluto", una exposición que celebra al pintor como artista total y como malagueño universal.

El regidor se confesó "emocionado" de poder visitar, en el Seoul Arts Center de la capital surcoreana, esta muestra, la más ambiciosa que ha organizado jamás la Fundación Picasso Casa Natal, "que permite a la gente que la visite conocer, también a través del artista, la ciudad de Málaga", afirmó a Efe.

Fundamentalmente, una hoja de estilo consiste en una agrupación de **instrucciones que aluden a atributos propios de la presentación** o el diseño de los contenidos, tales como el tipo y tamaño de letra, la separación, la alineación o el color.

 Definición

Hoja de estilo
Una hoja de estilo o estilo de texto no es otra cosa que una etiqueta o identificación que se vincula a una serie de características que aplicar a un texto.

Para entender la relevancia del uso de las hojas de estilo se puede reflexionar acerca de la hipotética publicación de una impresión semanal. Esta podría tener diferentes secciones con artículos, reportajes, notas breves, etc. Todos estos apartados tendrían su propia jerarquía (título, subtítulo, cuerpo de texto, pie de página) con sus características textuales (fuente, tamaño, color, etc.), que deberían ser iguales semana tras semana. Es fácil imaginar la laboriosidad de asignar esas propiedades una a una, el tiempo necesario y los errores que resultarían si fuese un trabajo manual. En cambio, la automatización de este proceso mediante la definición de los estilos de texto se resuelve con una única configuración y su posterior aplicación (tantas veces como se desee).

 Actividades

24. Busque en una sección de un periódico o revista que le interese los diferentes estilos de texto que sea capaz de identificar.

La concreción de las hojas de estilo varía en función del *software* que se esté utilizando, siendo un recurso propio de programas de edición de texto, de composición o, incluso, de diseño gráfico. En todo caso, más allá de la cantidad de opciones o complejidad de variables no existen muchas diferencias entre unos y otros.

 Sabía que...

Hay numerosos diseñadores que cuelgan sus estilos de texto en internet para compartirlos, por lo que puede conseguir algunos trabajos muy cuidados para su propio uso de forma sencilla y gratuita.

De forma genérica, lo habitual es analizar el contenido previamente y establecer una jerarquía tipográfica para configurar un estilo por cada variedad de párrafo o tipo de letra. Así, el estilo estará listo para ser aplicado cuando sea oportuno.

Es frecuente, o hasta imprescindible, que en las publicaciones periódicas o de una misma colección se mantenga una concordancia de acabados textuales, por lo que en los entornos en los que siempre se aplican los mismos estilos se suelen asociar a un atajo de teclado (la mayoría de los programas lo posibilitan). Esto agiliza el trabajo cotidiano tras un periodo de acomodo por parte de los maquetadores o redactores.

 Nota

No es posible que un fragmento de texto no tenga un estilo. En todo caso, si se elimina el estilo que tenía asociado o se desvincula, podrá conservar los atributos (aunque las instrucciones de origen ya no estén) o, en última instancia, volver a las características del estilo predeterminado. Esto dependerá del *software* que se esté empleando.

En definitiva, las hojas de estilo aseguran la coherencia en contenidos textuales que responden al mismo patrón conceptual. Con esto se consigue una **identificación jerárquica y visual** que ayuda al entendimiento del mensaje presentado.

 Importante

La incorporación del uso de las hojas de estilo en la maquetación desliga la componente de diseño visual del contenido textual e incrementa la eficacia de maquetación, especialmente en trabajos colectivos.

Por otro lado, el manejo de estilos de texto presenta otra ventaja que considerar: facilita las modificaciones de atributos textuales, es decir, posibilita que a la hora de variar algún rasgo del texto (tamaño o tipo de fuente, interlineado, tabulaciones, etc.), este se pueda alterar directamente en la definición del estilo transmitiéndose inmediatamente a todos los textos sobre los que esté aplicado. Se evitará de esta forma la necesidad de ir aplicando los cambios uno a uno.

Algunos programas informáticos permiten un determinado grado de automatización con las hojas de estilo. Una configuración un poco más compleja y específica permitirá que determinados cambios se produzcan al pulsar la tecla [Enter] —[Introducir], [Intro] o [Retorno]—, saltando en orden por la jerarquía de formatos establecidos.

Jerarquías de estilos en un periódico

Recuerde

La correcta utilización de las hojas de estilo resulta esencial para el trabajo en la maquetación y edición digital.

En todo caso, normalmente cualquier *software* tendrá un estilo de texto predeterminado que se aplicará por defecto cuando se comience a escribir en un documento recién creado. En general, los atributos de esta hoja de estilo precargada podrán ser modificados, aunque no podrán suprimirse, ya que serán las instrucciones a las que el programa recurrirá cuando abra un nuevo archivo de edición.

5.1. Estilos de carácter

Un estilo de carácter es un conjunto de atributos asociados al **formato textual** que pueden ser aplicados sobre un único carácter o a lo largo de todo un documento, el cual los asumirá.

Es utilizado tanto para definir el acabado de un texto o fragmento del mismo como para generar elementos destacados como resaltes en un párrafo o letras capitulares.

Aplicación de estilos de carácter a un texto

Renovación nodal del centro histórico por Miguel Ángel Castro Tirado
De centros históricos y otras historia
La idea de "centro histórico" ha sido objeto de numerosas aproximaciones y conceptualizaciones desde diversos campos disciplinares. Encuentra una primera asociación con una impronta "histórico -fundacional", y se impregna de una carga simbólica e identitaria.
La condición de centralidad, por otra parte, se hace presente en muchos de estos centros históricos -como indicador de concentración de servicios y equipamientos diversos, de elevado valor del suelo y de densidad poblacional y constructiva-, y evidencia un particular rol en la dinámica urbana contemporánea.

Renovación nodal del centro histórico
por Miguel Ángel Castro Tirado

De centros históricos y otras historias
La idea de "centro histórico" ha sido objeto de numerosas aproximaciones y conceptualizaciones desde diversos campos disciplinares.
Encuentra una primera asociación con una impronta "histórico -fundacional", y se impregna de una carga simbólica e identitaria.
La condición de centralidad, por otra parte, se hace presente en muchos de estos centros históricos -como indicador de concentración de servicios y equipamientos diversos, de elevado valor del suelo y de densidad poblacional y constructiva-, y evidencia un particular rol en la dinámica urbana contemporánea.

Los estilos de carácter consideran atributos como:

- El tipo de fuente
- El tamaño de fuente
- El color del texto
- El color del fondo
- El formateado (negrita, cursiva, versalita…)
- Los efectos (tachado, subrayado, relieve, sombreado…)
- La rotación del carácter

Letra capitular

apitular, es la letra mayúscula que inicia el texto de un capítulo del libro. Es una letra más alza, coloreada y adornada con elementos vegetales.

Siempre se podrá definir un estilo de carácter que aluda solo a algunos de los rasgos mencionados, de manera que al aplicarlo sobre un texto únicamente afecte a estos atributos, no modificando el resto.

En todo caso, el estilo de carácter no considera las características relacionadas con el formato de párrafo, por lo que al aplicarlo sobre un texto no afectará a las condiciones de configuración del párrafo en sí.

Aunque siempre dependerá del programa informático que se utilice, habitualmente se pueden importar los estilos de texto o configurarlos basándose en alguno existente, en lugar de partir desde cero. Así puede generar estilos secundarios a partir de otros principales.

 Ejemplo

Es frecuente, especialmente en prensa escrita, que los subtítulos tengan idéntica configuración (igual tipo de fuente, formato textual...) que los títulos, con la salvedad de una reducción del tamaño de la letra. En estos casos el estilo del subtítulo se suele definir como una modificación del estilo del título.

5.2. Estilos de párrafo

El estilo de párrafo afectará siempre a un bloque de texto acotado entre dos puntos y aparte -remarcado con un [Enter]-, excepto si son el párrafo inicial o final, que solo quedarán limitados por abajo o arriba respectivamente.

En este caso, el estilo se refiere a la agrupación de rasgos que aludirán a las **condiciones del párrafo,** pudiendo incluir también los atributos propios a los caracteres, que pueden ser aplicadas sobre el mismo párrafo de manera que las tome como propia.

Aplicación de estilos de carácter a un texto

El arte de habitar
"Las ideas no se pierden nunca. En cierto modo, una vez que has encontrado algo, como arquitecto, siempre se puede pensar en eso otra vez."
Peter Zumthor
Resumen
Nos situamos ante Islandia. Un territorio latitud norte de cultura y tradición nórdicas, cuyo paisaje extremo y geodinámica propia, le convierten en un arquetipo en el que habitar en condiciones adversas se convierte en una reflexión sobre las características intrínsecas que definen un territorio. En él la figura clave del planeamiento no es solo la lectura del propio paisaje sino también la de sus valores inmanentes.
Palabras clave
paisaje, identidad, adversidad, desafío, territorio.

El arte de habitar

"Las ideas no se pierden nunca. En cierto modo, una vez que has encontrado algo, como arquitecto, siempre se puede pensar en eso otra vez."
Peter Zumthor

Resumen

Nos situamos ante Islandia. Un territorio latitud norte de cultura y tradición nórdicas, cuyo paisaje extremo y geodinámica propia, le convierten en un arquetipo en el que habitar en condiciones adversas se convierte en una reflexión sobre las características intrínsecas que definen un territorio. En él la figura clave del planeamiento no es solo la lectura del propio paisaje sino también la de sus valores inmanentes.

Palabras clave

Paisaje, identidad, adversidad, desafío, territorio.

Su uso atiende a la configuración visual del texto en el sentido más amplio, considerando valores estéticos o de condiciones de lectura. Suele utilizarse además para establecer una terminación global del documento, así como para introducir modificaciones puntuales (como destacados, anotaciones, etc.).

Los estilos de párrafo tienen en cuenta características como:

- El interlineado
- El *kerning* o interletraje (separación entre letras)
- La alineación
- La tabulación
- Las sangrías
- Cualquier atributo propio al estilo de carácter

Al igual que sucede con los estilos de carácter, es posible configurar un estilo de párrafo sin entrar a definir todos los rasgos posibles, por lo que al aplicarlo sobre un texto, este tan solo modificará los atributos a los que el estilo haga alusión, permaneciendo el resto tal y como estaban.

Asimismo, es posible importar los estilos de párrafo o basarlos en otros ya existentes.

5.3. Estilos anidados

Los estilos anidados permiten la compaginación de dos o más estilos de texto (ya sea de carácter o de párrafo) mediante una sola aplicación de instrucciones.

Esto se entiende con una **implementación de órdenes** de funcionamiento y uso más específica y compleja. De esta manera, mediante disposiciones del tipo desde o hasta se pueden establecer múltiples estilos condicionados a una determinada circunstancia.

Actividades

25. Para reforzar algunos conceptos adquiridos, realice una búsqueda en internet acerca del *kerning* o interletraje y del interlineado. Investigue acerca de su efecto en un texto.
26. Copie el texto de un reportaje o artículo de investigación y practique la edición mediante hojas de estilo realizando, al menos, tres propuestas de composiciones diferentes.

Las razones de condición más habituales son las siguientes:

- El final de una frase, que viene marcado por un punto, o los signos de interrogación o exclamación.
- Un número de frases.
- El final de una palabra, determinado por un espacio en blanco.
- Un número de palabras.
- Un carácter concreto (frecuentemente se suelen tomar el guion, la barra inclinada, el paréntesis, el punto y coma, los dos puntos o el punto).
- Un número de caracteres.
- Dígitos, ya sea uno en concreto o un número de ellos.
- Espacios.
- Tabulaciones.
- Retorno.
- Salto de línea, columna o página.
- Marcador de final de estilo anidado (en algunos programas).

A través de estas estipulaciones se pueden configurar unas instrucciones que aplicar al contenido. De forma que se puede conseguir desde que un texto presente un estilo hasta que se verifique una condición para seguir con un segundo estilo hasta cumplir otra premisa, etcétera.

Al igual que los estilos de carácter o párrafo, los estilos anidados pueden aludir tan solo a algunos parámetros sin interferir con los demás, así se pueden superponer estilos anidados sin que tenga por qué haber conflictos entre ellos.

Ejemplo

Ejemplo de uso de estilos anidados

Percepción de los usuarios
Para conocer la percepción que tienen los usuarios del barrio, durante los recorridos por el mismo se realizaron entrevista a los vecinos residentes, comerciantes y trabajadores.
 He aquí un extracto resumiendo algunas de las respuestas más significativas:
En tu opinión ¿Cuáles son las mayores virtudes del barrio?
JM: Lo cerca que estamos del centro y del mar. Lo bien comunicados que estamos.
P: La gente. Aquí hay muy buena gente.
¿Qué medidas cree usted que se deberían tomar para mejorarlo?
MC: Habría que poner alguna pista deportiva y parques infantiles, que no hay.
L: Estaría bien que se facilitase o subvencionase el alquiler de locales comerciales.

Percepción de los usuarios

Para conocer la percepción que tienen los usuarios del barrio, durante los recorridos por el mismo se realizaron entrevista a los vecinos residentes, comerciantes y trabajadores.
He aquí un extracto resumiendo algunas de las respuestas más significativas:

En tu opinión ¿Cuáles son las mayores virtudes del barrio?
JM: Lo cerca que estamos del centro y del mar.
D: Lo bien comunicados que estamos.
P: La gente. Aquí hay muy buena gente.

¿Qué medidas cree usted que se deberían tomar para mejorarlo?
MC: Habría que poner alguna pista deportiva y parques infantiles, que no hay.
L: Estaría bien que se facilitase o subvencionase el alquiler de locales comerciales.

Un primer estilo anidado que se aplicará a los párrafos posteriores al primero, puede establecer que la primera frase de cada párrafo estará resaltada con un tamaño mayor y en negrita, coincidiendo con las preguntas de la entrevista. Mientras que por otro lado, un segundo estilo anidado, aplicado como el anterior, puede configurar que después de un final de frase el texto destaque en otro color hasta llegar a un carácter "dos puntos", inclusive. De esta forma, se remarcará el autor de la respuesta en cada caso. Como se puede ver en la imagen no hay interferencias entre sendas instrucciones.

En función del programa utilizado se podrá incorporar la repetición de un ciclo de órdenes como una instrucción más, incrementando la efectividad de estos bajo una correcta implementación.

Ejemplo de uso de estilos anidados con repetición

Barclays Premier League 2012 - 2013 - Arsenal - March

02/Mar/2013 Arsenal - Liverpool - 16:00 h
10/Mar/2013 Aston Villa - Arsenal - 14:00 h
13/Mar/2013 Juventus - Arsenal - 20:45 h
17/Mar/2013 Arsenal - Everton - 12:00 h
23/Mar/2013 Wigan - Arsenal - 14:00 h
26/Mar/2013 Arsenal - Oporto - 20:00 h
30/Mar/2013 Arsenal - Swansea - 16:00 h

Barclays Premier League 2012 - 2013 - Arsenal - March

02/Mar/2013	Arsenal - Liverpool	16:00 h
10/Mar/2013	Aston Villa - Arsenal	14:00 h
13/Mar/2013	Juventus - Arsenal	20:45 h
17/Mar/2013	Arsenal - Everton	12:00 h
23/Mar/2013	Wigan - Arsenal	14:00 h
26/Mar/2013	Arsenal - Oporto	20:00 h
30/Mar/2013	Arsenal - Swansea	16:00 h

 **Recuerde**

Las decisiones estilísticas que se apliquen al documento (o a parte de este) deben reforzar la claridad y comprensión del mismo.

En todo caso, el trabajo con estilos anidados requiere un análisis minucioso del texto para obtener el resultado deseado, dado que de forma contraria, una definición errónea podrá llegar a ofrecer una amalgama incoherente de formatos aleatorios.

Aplicación práctica

Atendiendo a la imagen que se presenta a continuación, explique cuáles serían los pasos que usted definiría para confeccionar este diseño de la forma más efectiva mediante el uso de hojas de estilo. Comente la diferencia que habría si el ejercicio se resolviese sin la utilización de estilos de texto.

ESCRITORES LATINOAMERICANOS MÁS INFLUYENTES:

1. Jorge Luis Borges *(1899 - 1986)*: nació en Buenos Aires, siempre presente en su heterogénea obra. Es uno de los autores más relevantes del siglo XX y se considera una injusticia que nunca llegase a ganar el Nobel. Fue reconocido como un erudito multidisciplinar que generó una literatura personal de cuentos y pequeños relatos con temas recurrentes, y un simbolismo propio, como el tiempo, los espejos o los laberintos.

2. Gabriel García Márquez *(1927 - 2014)*: de origen colombiano, su obra está asociada de forma inherente al realismo mágico, corriente de la que es uno de sus máximos exponentes. En 1982 obtuvo el reconocimiento internacional del Nobel de Literatura. Fuera de la escritura, sus ideales políticos, así como su amistad con Fidel Castro han generado controversia. Sus obras más relevantes son *Cien años de soledad* o *El amor en los tiempos del cólera*.

3. Mario Vargas Llosa *(1936 -)*: valorado como investigador de las posibilidades estilísticas y compositivas de la narración, este escritor peruano también ha destacado por la defensa de las libertades y una importante participación política, llegando a ser candidato a presidente de su país natal. Su prolífica obra abarca desde la novela hasta el teatro, pasando por el ensayo. Ganó el Nobel en 2010.

4. Julio Cortázar *(1914 - 1984)*: aunque se considera argentino, nació en Belgica. Es considerado un maestro del relato corto, la narración breve y la prosa poética. Aun así escribió alguna novela de gran calado, como es *Rayuela*. En su obra juega a desdibujar los límites entre lo real y lo fantástico. Fue profesor y traductor, además de escritor. Vivió en Argentina, España, Suiza y Francia, donde terminaría sus días.

Composición a analizar

Continúa en página siguiente >>

<< Viene de página anterior

SOLUCIÓN

Para comenzar, el título tendría un estilo propio, que podría implantarse de forma independiente al resto del texto dado que es un elemento singular. Al menos, el fragmento que se ofrece no presenta una repetición de dicho estilo.

Por otro lado, el desarrollo del contenido presenta un patrón cíclico de estilos combinados que se repite en cada párrafo. Así que, observando su estructura y las variaciones de formato se podría resolver mediante un estilo anidado con repetición.

En un inicio se comenzaría con un estilo para los números de gran tamaño y coloreado, que afectaría tan solo a la primera palabra (aunque también se podría ejecutar aplicándose hasta el primer punto o espacio, inclusive en ambos casos). Seguidamente, el estilo para el autor, destacando en tipo, tamaño y color, que no tendría más opción que se alargarse hasta el paréntesis, exclusive, puesto que los nombres de los escritores varían en extensión y número de palabras. Se continúa con el estilo para las fechas, en negrita y con un tamaño ligeramente reducido, que abarcaría hasta incluir los dos puntos. Más allá se continuaría con un estilo para el grueso del texto que alcanzará hasta el final de párrafo. Por último, se reanuda el estilo anidado al completo mediante una orden de repetición.

En caso de no utilizar los estilos de texto, cada uno de los cambios de tipo de fuente, tamaño, color o formato de párrafo tendría que ser realizado a mano, lo que supondría un trabajo mayor en el que la monótona reiteración pudiera dar lugar a errores, cuya revisión y corrección llevaría tiempo. En resumen, sería un proceso mucho menos eficiente.

 Consejo

Asegúrese de que las instrucciones de configuración de los estilos anidados concuerdan con el contenido textual. Pruebe a aplicar los cambios en un único fragmento del texto antes de aplicarlo al resto de secciones del documento.

---

6. Introducción y composición de textos

Como norma general, la mayor parte de los documentos editoriales suele estar compuesta por elementos textuales, por lo que resultará esencial valorar su importancia como componente fundamental del proyecto. Más allá del contenido mismo (el qué expresa) habrá que cuidar los factores de presentación, (de qué manera lo expone) considerando criterios estéticos y, sobre todo, de funcionalidad.

6.1. Importación de textos

Evidentemente, un documento editorial contendrá una carga importante de recursos textuales, sin embargo, esta información no siempre es implementada directamente a través del *software* de edición, sino que en ocasiones es trasladada desde otra aplicación o documento.

Cualquier programa de maquetación permitirá la introducción manual de texto y, aunque dependerá de cada caso, también suelen admitir otros procedimientos como arrastrar un texto seleccionado hasta el entorno de edición o pegar fragmentos copiados de un procesador de texto o similar.

En todo caso, cuando se trata de grandes cantidades de texto, o incluso hojas de cálculo, lo normal es recurrir a la importación del mismo.

 Sabía que...

Algunos programas permiten la introducción de "texto falso", llamado también *"lorem ipsum"*, como un relleno para apreciar el resultado de una composición antes de contener el texto verdadero. En el caso de que el programa no tenga el texto falso, puedes buscar en internet *"lorem ipsum"*, copiar el texto y pegarlo en el documento.

La importación representa el **injerto del texto** desde un medio *(software)* diferente. En estas circunstancias no todos los programas permiten el mantenimiento de los estilos y formatos del texto de origen, aunque los hay que sí lo hacen.

 Actividades

27. Reflexione acerca de las ventajas que supone la posibilidad de importar el texto en lugar de tener que introducirlo manualmente.

Algunas de las opciones más habituales en una importación de texto permiten recuperar el índice del documento trasladado; incorporar las notas finales o a pie de página del texto transferido; el mantenimiento de las comillas en formato original o su sustitución por otras; acarrear los gráficos o viñetas del texto fuente o personalizar los estilos importados. Esta última opción facilita la equivalencia de configuración entre el origen y el destino.

 Ejemplo

Si un documento de origen está redactado en Arial con un cuerpo de texto de 10 puntos y los títulos a 12 puntos, podrá establecerse una relación para que el cuerpo de texto pase a Helvética 10 puntos y los títulos a Calibri 14 puntos en negrita, de modo que coincida con el estilo de nuestra composición.

6.2. Selección de tipografías

Al hablar de tipografía se hace referencia al **diseño caligráfico** de una familia de letras. Pese a que el texto represente gran parte de la mayoría de los documentos, en ocasiones no se le concede la importancia que la definición tipográfica tiene. La decisión del tipo de fuente, tamaño o color tendrán tanta relevancia como el diseño del espacio o la jerarquía del mismo.

Anatomía de la tipografía

En función de sus características, las tipografías se clasifican en:

- *Serif:* se caracterizan por un grosor variable y terminar en unos remates estilizados, llamados serifas o enlaces en los extremos de la letra, que dan fluidez y facilitan seguir la línea de lectura. Se asocian a sensaciones de dignidad, calma y firmeza. Algunos ejemplos son Times New Roman, Bookman Old Style, Cambria, Garamond o Bodoni.

Baskerville Old Font

Bell MT

Arabic Typesetting

Bodoni

Garamond

Palatino Linotype

Times New Roman

Algunos tipos serif

- *Slab Serif, Mecana o Egipcia:* son una variación de la anterior, aunque con una apariencia mecanografiada. Su trazado es más tosco y pese a que también tienen serifas, estas no son sutiles, sino tan remarcadas como el resto del tipo. Los más comunes son Courier New, Lucida Console o Egyptienne.

Playbill

Lucida console

Courier New

Consolas

TypoSlabSerif

Stymie Stylus

Fragment Core

Algunos tipos slab serif

- *Sans serif:* literalmente sin serifa. También llamadas de palo seco. Tienen trazado uniforme que propicia su legibilidad, en especial a distancia. Son más neutras y minimalistas que las *serif* y sugieren sobriedad, orden y limpieza. Como ejemplos están Helvética, Arial, Verdana o Calibri.

Helvetica

Ebrima

Calibri

Arial

Raavi

Verdana

Algunos tipos sans serif

- *Script* o manuscritas: agrupan todas las que parecen realizadas a mano, ya sea con una caligrafía meticulosa o con descuido. Mientras que las primeras resultan artificiosas y refinadas, las segundas reflejan informalidad y naturalidad. Algunos ejemplos son English, Vivaldi, Comic Sans o Frenad.

Comic Sans

Edwardian Script

Blackadder ITC

Pristina

Vivaldi

Old English Text MT

Algunos tipos script

- *Display* o de exhibición: son aquellas diseñadas especialmente para destacar por diseño o asociación (con una marca, un dibujo, etc.). Su uso es esencialmente decorativo, por lo que no es adecuado para cuerpos de texto y, por su heterogeneidad, transmitirán algo diferente en cada caso. De los muchos ejemplos se pueden apuntar algunos tan dispares como Art Nouveau, Star Wars, Fantasy, Studio54 o Coca-cola.

Algunos tipos display

 Consejo

Limite la utilización de fuentes de exhibición para carteles, titulares, logotipos u otros textos puntuales en los que pretenda llamar la atención e introducir algún matiz que se vea reflejado en el tipo.

 **Actividades**

28. Busque tres tipos de letra *serif, slab serif, sans serif, script y display*, diferentes de los citados como ejemplos. Tome un titular de un periódico que le llame la atención y aplíquele las tipografías que haya seleccionado. Explique los efectos que estos cambios provocan.

Con el tipo de letra adecuado se puede captar la atención del lector, transmitir sensaciones o reforzar un mensaje, por esto habrá que cuidar algunos **aspectos a considerar:**

- Conocer el tipo de público al que irá dirigido el documento y sus condicionantes (posible dificultad lectora, ideales, etc.).

- Considerar el confort de lectura en función del formato de publicación.
- Manifestar una cuidada intención estética. El texto debe transmitir visualmente y reforzar el mensaje.
- Atender a las dimensiones del cuadro o marco de texto (interlineado, interletraje y otros).
- Controlar la relación de colores y contrastes entre texto y fondo.
- Limitar la variedad tipográfica: casi siempre, mejor con uno o dos tipos de letra que con veinte.
- Reducir el uso de tipos de exhibición a títulos, portadas o casos puntuales.
- Recordar que, normalmente, las tipografías *serif* son las que mejor funcionan para cuerpos de texto.

Hay que concluir que mientras que una buena elección de tipografía resulta clave para la correcta comunicación, una opción errónea puede arruinar un buen trabajo.

 ## Aplicación práctica

Un amigo suyo que regenta un pequeño bar de tapas tradicionales llamado Atespino, pretende reformarlo, renovando la decoración y la carta. Desea cambiar a ofertar una comida algo más sofisticada, sabrosa y desenfadada y le pide ayuda para que el logotipo y la carta del bar transmitan ese mensaje. Los datos que le ofrece para la prueba son:

Entrantes:

Cream shot (Caldo, patata, cebolleta, hinojo, nata, mantequilla, mostaza y miel)......3 €

Mistura Georgesa (magret de pato desmigado, mango, sémola, limón, cilantro y anís ....4 €

¿Qué muestra le podría ofrecer?

Continúa en página siguiente >>

<< Viene de página anterior

SOLUCIÓN

Para el logotipo, sería adecuado optar por una fuente *display,* de cuerpo denso y en colores llamativos. En cuanto a la carta, tanto para los diferentes apartados como para los nombres de los platos, al ser elementos puntuales, se podría recurrir a algún tipo *script,* informal y llamativo. Respecto a los ingredientes o explicaciones de los platos, sería más apropiado decantarse por una sans *serif,* menos aparatosa y más legible.

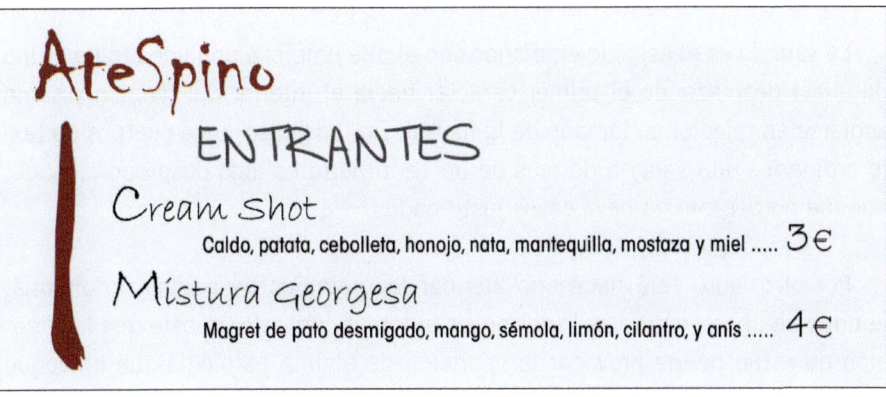

Ejemplo de carta

6.3. Aplicación de estilos al texto

La aplicación de estilos habitualmente **alterará la presentación** del texto, afectando a la estructura del párrafo y, por ende, a las líneas que lo componen. Idealmente la anchura de este debe oscilar entre los 50 y 70 caracteres, salvo en circunstancias puntuales que lo justifiquen.

Igualmente, habrá que asegurar la correcta diferenciación entre párrafos, más allá de por cuestiones estéticas, para facilitar la comprensión de lectura y ordenar contenidos e ideas. Para ello se suele introducir una separación extra entre párrafos o se modifica el contorno del texto con la aplicación de sangrías en el texto. En cualquier caso, es preferible evitar la simultaneidad de sangrados y saltos de línea.

Consejo

Para evitar inconveniencias producidas por las modificaciones compositivas posteriores, nunca introduzca más de un salto de línea para separar párrafos.

La **sangría** es el espacio en blanco con el que empieza una línea (o un grupo de ellas) desplazando el primer carácter hacia el interior del renglón y suele acotarse en relación al tamaño de la fuente. En todo caso, para cuerpos de texto ordinarios una sangría de más de un centímetro es algo desproporcionado, aunque no por ello no haya casos justificados.

Por otro lado, será necesario atender los cambios de página o columna, aunque algunos programas lo solventen automáticamente, puesto que la variación de estilo puede provocar la aparición de alguna patología que provoque incomodidad de lectura, como pueda ser:

- **Línea viuda:** la línea corta que queda descolgada de un párrafo apareciendo al inicio de la siguiente página o columna.
- **Línea huérfana:** la primera línea de un párrafo se queda sola al final de una página o columna en tanto el resto del mismo pasa a la siguiente.
- **Línea ladrona:** cuando la última línea de un párrafo resulta más estrecha que la sangría del siguiente.

En cuanto a la **alineación del texto,** en relación a la forma en la que su organización fije la coincidencia de líneas, esta podrá ser:

- **A la izquierda:** con el texto enrasado hacia dicho lado. Muy común y de uso apropiado para la una lectura confortable. Asegura la invariabilidad de dimensiones del espaciado independientemente del uso de separación de palabras.
- **A la derecha:** con el texto enrasado hacia dicho lado. Semejante a la alineación a izquierda, aunque la variación en el punto de inicio de lec-

tura (para idiomas occidentales) entorpece la tarea, por lo que solo se aconseja para textos cortos.

- **Centrada:** estructurada alrededor de un eje central en torno al que cada línea, individualmente, siempre presenta igual anchura a ambos lados. No resulta muy recomendable para textos largos, siendo su uso muy frecuente en publicidad o presentaciones.
- **Justificada:** cuando todas las líneas del párrafo, salvo la primera y la última, se expanden hasta ocupar la totalidad del ancho de línea. Es muy adecuada para la lectura en cuerpos de texto extensos, dada su percepción ordenada y rítmica.

Aunque frecuentemente se tiende a pensar que un texto justificado es el más adecuado, existen multitud de circunstancias en las que la alineación a la izquierda es más apropiada, como en las columnas estrechas. En todo caso, cualquier modificación que se realice sobre la estructura del texto debe favorecer su comprensión.

6.4. Normas de composición de textos

Stanley Morison, diseñador de la tipografía Times, define la composición como "el arte de disponer correctamente el material de imprimir, de acuerdo con un propósito específico: el de colocar las letras, repartir el espacio y organizar los tipos con vistas a presentar al lector la máxima ayuda para la comprensión del texto".

Desde los orígenes de la imprenta, el compositor tipográfico se ha encargado de ordenar los tipos en la línea controlando su separación y cortes de palabras a fin de **presentar el texto de la mejor manera posible.**

La composición no representa ninguna complicación cuando el texto se alinea a izquierda, derecha o se centra. Dado que en estos casos la anchura de línea es variable y no hay inconveniente en pasar una palabra al siguiente renglón, las separaciones siempre serán idénticas, recogiéndose en los extremos las diferencias de longitud.

 **Definición**

Composición
Se entiende por composición el proceso en el que los caracteres tipográficos son dispuestos en la línea de texto con intención de asegurar un orden visual y facilitar la lectura.

Sin embargo, cuando el párrafo está justificado, independientemente del número de letras, palabras o espacios, la anchura de la línea de texto debe ser uniforme.

Los diferentes programas actúan en la composición mediante la intervención sobre alguno o varios de los siguientes parámetros:

- **Separación de palabras:** generalmente es posible prefijar si se permite separar palabras mediante guion y salto de línea o no. En caso afirmativo, en función del *software*, será posible intervenir sobre los siguientes parámetros:

  - El idioma según el cual se rigen las normas de separación de palabras.
  - El número mínimo de letras que debe tener una palabra para que se pueda cortar.
  - El número mínimo de letras a cada lado del guion.
  - La posibilidad de cortar palabras entre saltos de columna o cambios de página.
  - El número máximo de renglones consecutivos que pueden tener una palabra separada.

- **Separación entre palabras:** es posible configurar la anchura del espacio que separa las palabras (insertado mediante la barra espaciadora) para dilatar o contraer la línea.

- **Separación entre letras:** al generar un tipo, el diseñador define el carácter y un espacio que lo rodea y que influirá en la separación entre letras. Aunque lo habitual es no modificarlo, es posible interferir en esta medida para comprimir o extender palabras.
- **Escala de glifo:** permite intervenir sobre la anchura de los caracteres alterando su proporción y, por lo tanto, deformando la tipografía. Normalmente no se utiliza, es más, no es recomendable hacerlo aunque es posible automatizar el proceso en la justificación, es preferible buscar otra tipografía antes que deformarla.

 Nota

Cada lengua tiene sus propias reglas para la separación de palabras, por lo tanto en caso de que se quieran permitir estos cortes, será imprescindible establecer el idioma del texto. Algunos programas lo fijan por párrafos, mientras que otros por palabras, lo que permite evitar incorrecciones lingüísticas en textos con coexistencia de varios idiomas.

Actualmente, dependiendo del programa que se utilice, es posible encontrar **dos procedimientos** para componer el texto:

- **Línea a línea:** es la forma heredada del método tradicional, según el cual los caracteres y espacios ocupan una línea hasta que es necesario pasar a la siguiente, siendo entonces cuando se extiende homogéneamente. Es decir, consideran cada línea de forma independiente y establecen el punto en el que pasar a la siguiente línea y repetir el proceso.
- **Por párrafos:** mientras se está redactando funciona como el proceso anterior pero al terminar el párrafo el programa evalúa las diferentes posibilidades y combinaciones de cortes y saltos de línea y aplica la que transgreda en menor medida las preferencias definidas por el usuario.

Actividades

29. Localice una publicación en la que considere que, según su criterio, la composición del texto no es apropiada. Explique cuáles son los errores y cómo podrían ser solucionados.
30. Explique con sus palabras qué ventajas considera que presenta la composición por párrafo frente a la composición línea a línea.

Por otro lado, hay que evitar subrayar el texto. Si es necesario resaltar parte del texto resulta más apropiado el uso de negritas o, como alternativa, cursivas. Aún así hay que ser moderado con su utilización, puesto que el abuso de este recurso termina por menguar su eficacia.

 Sabía que...

Es complicado que en textos o columnas estrechas el justificado sea apropiado. De ahí que haya una "regla no escrita" que recomiende que se evite la justificación de párrafos con menos de siete palabras o 50 caracteres.

Además, la escritura en mayúsculas solo es aceptable para títulos, destacados o usos muy puntuales, puesto que entorpece la lectura. En el caso de que se necesite hacer un uso prolongado de las mismas es preferible recurrir a las versalitas.

Tampoco se deben componer textos masificados en los que los caracteres de líneas contiguas casi se solapen. Se tiene que espaciar el contenido respetando interlineados suficientes.

Consejo

De forma genérica, para cuerpos de texto extensos, se sugiere un uso de interlineados entre 20 y 30 % del tamaño en puntos de la tipografía.

En definitiva, un texto que esté bien compuesto debe reducir al mínimo el número de palabras cortadas, mostrar un interletraje comedido, homogeneizar lo máximo posible la separación entre palabras y **presentar equilibrio visual.**

6.5. Tipos de párrafos

Un párrafo constituye una **unidad argumentativa del texto,** que desarrolla un concepto o una idea. Puede estar conformado por una o más sentencias estructuradas y relacionadas lógicamente para sustentar un argumento.

Existen diferentes pautas de tipificación de clases de párrafo.

Según su contenido

Teniendo el propósito de comprender la intencionalidad del mismo, se recurre a la **clasificación por contenidos:**

- **Conceptual:** define un término o enuncian una idea.
- **Expositivo:** desarrolla en profundidad diferentes aspectos de un determinado tema.
- **Explicativo:** precisa y esclarece algunos conceptos del tema que se está tratando en párrafos anteriores.
- **Argumentativo:** justifica y razona una idea con el objetivo de convencer al receptor.
- **Narrativo:** presenta una serie de acontecimientos.

- **De enumeración:** organiza la información en una sucesión ordenada de puntos.
- **Cronológico:** expone unos hechos en función de una evolución temporal.

Según su estructura lógica

Con el objetivo de poder evaluar el valor jerárquico de cada uno de los párrafos de un documento se debe atender a su **clasificación en relación a su estructura lógica:**

- **Deductivo:** partiendo de una idea principal de partida se desarrollan una serie de explicaciones.
- **Inductivo:** se argumentan una serie de premisas con el fin de llegar a una idea expuesta al final.
- **Secuencial:** se exponen unas ideas en un determinado orden.
- **Causa-efecto:** o bien se enuncian las condiciones que concluyen en un evento, o bien partiendo del mismo se justifican las consecuencias derivadas de él.
- **Comparativo:** se relacionan las convergencias y divergencias entre dos cuestiones.
- **Resolutivo:** comienza exponiendo una cuestión o problema que se irá respondiendo o solventando a lo largo del párrafo.
- **Conclusivo:** recoge lo expuesto en párrafos anteriores para finalizar la argumentación de un tema.

 Importante

Entender el contenido y la estructura lógica de un párrafo será esencial para la toma de decisiones compositivas y para la ordenación jerárquica y maquetación, puesto que esto supone el qué cuenta y cómo lo cuenta.

Según su forma o estructura visual

Por otro lado, con una finalidad orientada hacia el diseño estético y a las condiciones de lectura, se presenta una **clasificación del párrafo en función de su forma o estructura visual:**

- **Ordinario:** es el que estando completamente justificado a ambos lados comienza con una sangría en la primera línea y la última está alineada a la izquierda. Es el más frecuente para textos de larga extensión.
- **Francés:** es en el que la primera línea no contiene sangría, pero sí la tienen el resto. Es frecuente en grupos de párrafos cortos (como bibliografías), para remarcar el inicio de estos.
- **Moderno o alemán:** es el que estando completamente justificado a ambos lados comienza sin sangría y su última línea está alineada a la izquierda. Es tan comúnmente usado para textos extensos como el párrafo ordinario.
- **Epigráfico:** el que está alineado centrado, característico de citas o textos líricos.
- **En bloque:** en el que todas las líneas, justificadas, tienen la misma anchura, incluyendo la última. Solo es recomendable su uso en textos aislados, en los que el ancho se puede modificar para que no quede una última línea espaciada en exceso.
- **Quebrado o en bandera:** es el que está alineado por uno de sus lados sin ninguna sangría, mientras que por el otro costado presenta desigualdad. Es frecuente en textos de poca anchura.
- **Español:** en el que todas las líneas están justificadas excepto la última, que es más corta y queda centrada. Se utiliza en párrafos breves independientes del cuerpo del texto, como breves dedicatorias o epígrafes.
- **Base de lámpara:** el que se alinea centrado y cada línea es más estrecha que la anterior. También existe el formato opuesto, conocido como base de lámpara invertida. Es usado en párrafos singulares o para finalizar textos con apariencia arcaica.

Tipos de párrafo según su forma

Párrafo ordinario	Párrafo francés
Párrafo moderno	Párrafo epigráfica
En bloque	Composición quebrada
Triángulo español	Base de lámpara

Actividades

31. Seleccione un artículo de un periódico y clasifique sus párrafos en función de su contenido y de su estructura lógica.
32. Busque un ejemplo para cada uno de las ocho posibles estructuras visuales de párrafos expuestos.

6.6. Normas de legibilidad y componentes tipográficos de una publicación

La adecuada composición de los elementos textuales **facilita la lectura y favorece la comprensión.** De manera que se debe entender que la unidad, el orden, el equilibrio, la claridad, la coherencia y la armonía no son solo valores estéticos propios del diseño, sino que la configuración de los componentes tipográficos mediante estas determinaciones pretende un resultado de eminente funcionalidad.

En este sentido, los factores que afectan a la legibilidad son:

- La elección de tipografías
- La longitud de líneas
- Los vacíos compositivos
- Los espacios:

  - Entre letras
  - Entre palabras
  - Entre líneas
  - Entre párrafos

Definición

Legibilidad
Es la facilidad con la que un texto puede ser leído de forma cómoda a una velocidad de lectura común.

La **tipografía elegida** resultará decisiva en la composición dado que la capacidad de identificarlas es una habilidad aprehendida por asociación formal, de manera que algunos tipos se leen con facilidad al resultar familiares, mientras que otros, menos frecuentes y de diseño más discordantes, pueden suponer un obstáculo a la lectura. Además, el tamaño de carácter apropiado variará en función de la distancia a la que se vaya a leer el documento.

En cuanto a la **longitud de líneas o columnas,** en tanto las líneas excesivamente largas resultan tediosas, las cortas pueden desconcentrar y cansar el ojo por el repetitivo cambio de renglón —para la vista es especialmente trabajosa la constante búsqueda de punto de continuidad del texto—. Es decir, hay que considerar que cuanto mayor sea el ancho de una línea más distancia tendrá que recorrer el ojo para hallar el inicio de la siguiente línea, pero también hay que tener en cuenta que cuanto más estrecho sea el renglón aumentará la frecuencia de cambio de línea. Por consiguiente, será necesario encontrar un equilibrio intermedio en la anchura del texto.

Atendiendo a los vacíos y **separaciones del texto,** tradicionalmente la distancia entre letras ha sido mínima y esto es así porque esta proximidad remarca la unidad del término. En relación a los espacios entre palabras, su dimensión tendrá que ser la suficiente como para identificar con un golpe de vista los diferentes términos. Esto es así a causa de que, normalmente, un lector percibe conjuntos de palabras en lugar de vocablos sueltos. No obstante, un espacio excesivamente grande redundará en una lectura más torpe y lenta. En cualquier caso, será imprescindible que haya una diferencia evidente de tamaños entre la separación entre palabras y la anchura de interletraje.

Respecto del **espacio entre líneas,** en caso de ser insuficiente, el ojo tenderá a confundirse verticalmente generando saltos de línea, lo que termina por ralentizar la lectura y dificultar la comprensión. El interlineado tiene que adaptarse a la composición y favorecer la canalización de la visión en la línea, en tanto el espaciado entre párrafos es necesario para regular la cadencia lectora, introducir pausas que descansen la vista y separar conceptos. Aunque no requiera tanta sutileza como el resto de separaciones, una dimensión excesiva conllevará la desvinculación entre párrafos.

El mayor o menor acierto en la determinación de estos atributos dependerá del **tipo de público** al que vaya dirigido (no será lo mismo pensar en un receptor infantil, universitario o anciano) y del formato o medio de publicación. En todo caso, aunque estos parámetros puedan configurarse independientemente, es necesario mantener una consideración conjunta que redunde en un acabado agradable y proporcionado.

 Ejemplo

Aunque normalmente la separación entre palabras de un texto tenga que ser moderada, en caso de que este estuviese dirigido a una publicación de niños en proceso de aprendizaje lector, tendría que presentar un espacio entre palabras mayor.

Resumiendo, un texto compuesto de forma razonable tiende a verse como un conjunto de bloques en una sucesión secuencial, compuestos por franjas horizontales de texto claramente intercaladas por surcos vacíos.

 **Actividades**

33. Escoja una página de una novela. Analice, evalúe y comente las características que hacen que su legibilidad sea buena o mala.

Aunque todos los estratos del campo de la maquetación tienen que estar libremente supeditados a la comunicación, a continuación se exponen algunas **normas de legibilidad** que deben asumirse como fundamentos críticos sobre los que poder construir composiciones ortodoxas o transgresiones intencionadas a favor de un determinado diseño:

- Cuidar las dimensiones de las separaciones.
- Valorar la idoneidad del ancho de texto en función del formato.
- Mantener la disposición horizontal del texto.
- Diferenciar los párrafos con nitidez.
- Las tipografías sencillas y clásicas son más legibles que las complejas y extravagantes.
- Recurrir a los tipos *serif* o *sans serif* para los cuerpos de texto.
- Rehusar combinar demasiadas fuentes en un mismo documento.
- El uso de componentes tipográficos demasiado grandes o pequeños dificulta la lectura.
- No mezclar excesivos tamaños, grosores y variantes de un mismo tipo de letra.
- Reducir el uso de mayúsculas a lo imprescindible, puesto que son menos legibles que las minúsculas.
- Evitar alterar la proporción del carácter tipo.
- Si quiere introducir matices o contrastes, utilizar tipografías que no se parezcan entre sí.

- Si quiere destacar algo, recurra a la negrita o cursiva.
- Para el cuerpo de texto evitar los tipos demasiado gruesos o delgados.
- Optar preferiblemente por una alineación del texto a la izquierda o, como alternativa, justificada.
- Comprobar el contraste entre color de texto y fondo.
- Es más sencilla la lectura sobre un fondo plano que sobre uno con textura o una imagen.

 Consejo

No descuide la labor de composición y edición del texto. Puesto que generalmente ocupa la mayor parte del diseño, si piensa en el material textual como en una mancha gris estará despreciando un porcentaje considerable de su trabajo. Dedique el tiempo necesario para que el documento resulte fácil y cómodo de leer.

6.7. Preparación e introducción de imágenes

Los elementos gráficos representan un pilar esencial de la maquetación y de cualquier otra rama del diseño, puesto que integran y **completan el mensaje textual** que se quiere comunicar. Su relevancia en un documento puede llegar a ser tanta o más que la del propio texto.

En este sentido hay que valorar que, debido a su elevada expresividad, presentan una considerable capacidad para sintetizar información -siempre se suele decir que una imagen vale más que mil palabras- o sostener y ratificar mediante un apoyo visual el contenido escrito.

Siempre que su elección sea apropiada poseerá un poder atractor capaz de captar el interés del receptor. Además, su presencia aporta un dinamismo en contraposición al texto, que aligera la página y la alivia de contenido estático, facilitando, de esta manera la impregnación y el recuerdo del mensaje implícito.

En el trabajo de composición es importante y recomendable considerar el material gráfico con el que se desea contar en la maquetación desde el inicio del proceso. De cualquier forma, no es extraño que la modificación del diseño o la aparición de nuevos recursos introduzcan variaciones inesperadas que alteren el diseño final. En este sentido, los cambios a última hora resultarán menos conflictivos si el proyecto se realiza desde el principio basándose en páginas maestras o retículas compositivas.

6.8. Selección de imágenes según sistema de reproducción

Evidentemente, el medio de reproducción condicionará las características de los recursos gráficos que se usarán. Esto es inevitablemente así, puesto que no presentará las mismas necesidades o posibilidades una publicación en gran formato y a todo color que otra de dimensiones reducidas y en grises. En general, la elección de una imagen dependerá de:

- Si el soporte es físico o digital.
- Los posibles colores de su publicación.
- Tamaño, proporciones y formato de presentación.
- El público al que vaya dirigido.

 Ejemplo

Si se ha utilizado una imagen de una definición media para incorporarla en unas tarjetas de visita, la calidad puede ser aceptable para incorporarlas a un encabezado de una página web, aunque su posible inclusión en una valla publicitaria de gran tamaño conllevaría una pérdida de nitidez que invalidaría el resultado. De igual modo, una foto de unos tomates maduros o de unas fresas puede presentar unos tonos rojos brillantes al imprimirlas sobre un soporte blanco que se distorsionarían al hacerlo en un papel beige y se arruinarían en caso de que fuese verde.

En función de estas características, habrá que seleccionar los recursos gráficos considerando los siguientes parámetros:

- **Concordancia:** es decir, que exista una relación comprensible entre imagen y texto.

Concordancia en una imagen de calle

- **Claridad:** para que la intención comunicativa de la imagen sea comprensible, evidente e indudable.

Claridad en una imagen de un coche

- **Resolución:** que la definición sea suficiente como para que el resultado sea preciso y no presente pixelación o deformación.

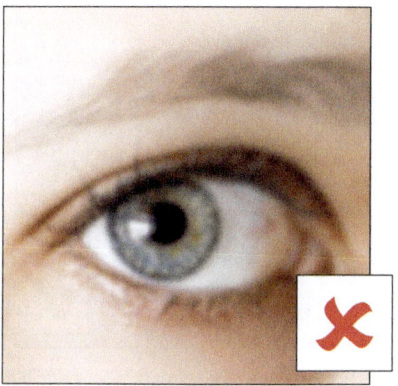 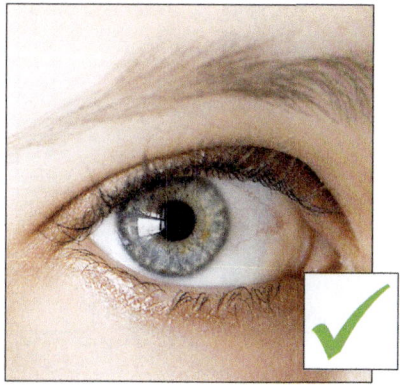

Resolución en una imagen de un ojo

- **Nitidez:** asegurando que el contraste, la saturación y el color son los apropiados.

Nitidez en una imagen urbana

- **Estética:** que sean visualmente atractivas y sugerentes.

Estética en una imagen de pareja

Por último, siempre que una imagen no sea de autoría propia o se haya obtenido un consentimiento explícito, será imprescindible atender a los derechos existentes sobre la misma. Pese a que no siempre sea así, algunas de las licencias de autor posibilitan la copia, reproducción, alteración o, incluso, lucro, aunque generalmente requieren cita del autor. En todo caso, tanto por ética como por evitar problemas legales, el respeto por los derechos intelectuales es una premisa que siempre se debe respetar.

 Actividades

34. Busque en prensa (revistas o periódicos) cinco imágenes que resulten poco apropiadas a tenor de los criterios anteriormente explicados.

6.9. Tratamiento de la imagen para reproducciones editoriales

Una vez determinados los recursos gráficos será posible acceder a la fase de tratamiento, alteración o edición de los mismos (siempre que se cuente con los derechos apropiados sobre la imagen). En dicho caso, los cambios tendrán que ir encaminados a una mayor claridad y consonancia entre componentes textuales y gráficos, o acaso a una mejor integración en el conjunto de la maquetación.

En la fase de introducción de las imágenes en la composición se podrá intervenir en los siguientes campos:

■ Corrección de atributos, variando algunos rasgos de la imagen para que adquiera mayor nitidez o se adapte mejor al diseño.

■ Modificaciones compositivas, incorporando, suprimiendo o sustituyendo información de la imagen para que el resultado refuerce la concordancia con el mensaje o resulte más estética.

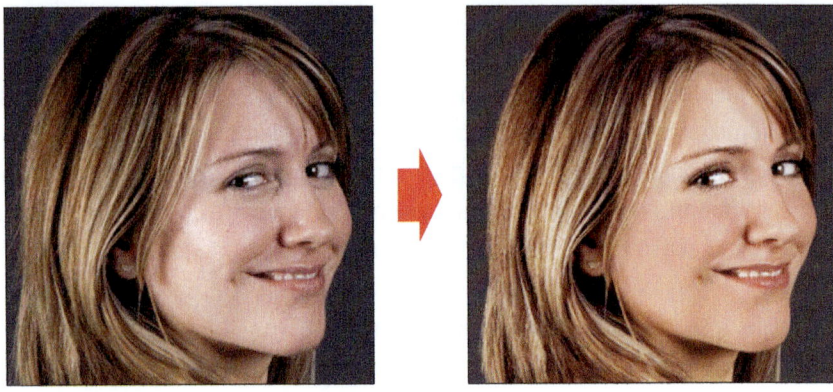

■ Incorporación de contenidos, diagramas o aclaraciones textuales que puntualicen el significado.

■ Reencuadres que ofrezcan un producto más preciso o adaptado al hueco en el que será insertado.

■ Redefinición de contornos, generalmente para adaptarse a un espacio o recortando un elemento para destacarlo sobre el fondo.

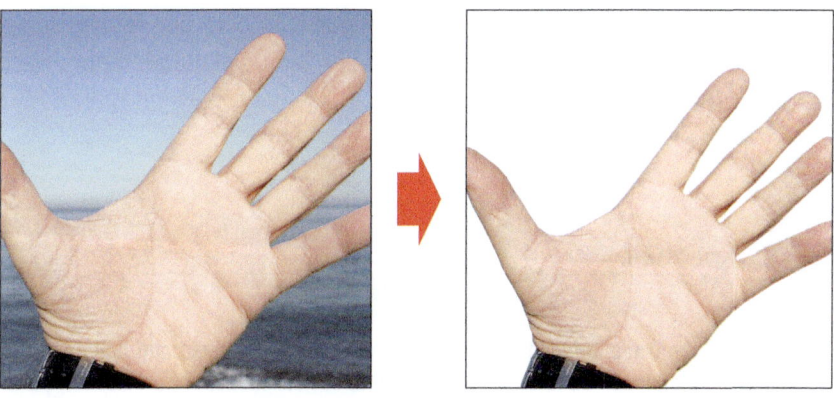

Aunque normalmente un retoque académico suele retornar recursos gráficos mejorados y más apropiados para la maquetación, cualquier vulneración, mutilación y degeneración de imágenes que el diseñador pueda considerar adecuado será acertada siempre que el resultado acentúe el mensaje mejor que antes de las modificaciones.

6.10. Maquetación de las imágenes con respecto al texto y a la página

En cuanto a la posición de los recursos gráficos, aunque no hay estudios concluyentes que identifiquen un patrón de conducta único, generalmente se admite que, al menos para la cultura occidental, en la percepción visual existe preferencia en la zona izquierda respecto a la derecha y predilección por la parte superior respecto a la inferior.

Pese a que las maquetaciones más tradicionales con imágenes (como parte de una retícula) siguen estando de plena vigencia, la rigidez en su composición ha desaparecido, por lo que es común encontrar elementos gráficos ajenos a la malla de textos, ubicados en los bordes del documento sin respetar los márgenes o incluso parcial o totalmente solapados con los recursos textuales.

En cualquier caso, el peso visual de una imagen tiende a ser tan destacado que estimula el ojo captando su atención de manera inmediata, por lo que habrá que controlar el equilibrio de la composición para que la disposición de los componentes gráficos no altere la forma en la que el maquetador desea que sea percibida.

Aplicación práctica

Su pareja, que trabaja dando clase en un instituto, se ha embarcado junto con otros profesores y alumnos en la elaboración de una revista mensual (formato A4) para el centro. Aunque no sea una publicación muy profesional se pretende un resultado decente, por lo que le pide consejo acerca de la maquetación de imágenes en el texto. ¿Qué le sugeriría?

Continúa en página siguiente >>

<< Viene de página anterior

SOLUCIÓN

Le debería recomendar que optase por una solución en retícula, de dos columnas, para que fuesen suficientemente anchas como para no tener que preocuparse por la justificación. Esta composición, además, simplifica la introducción de imágenes limitando sus posibles dimensiones al ancho de una columna o al ancho total de la página. Esencialmente, debería evitarse maquetar cada página de forma independiente, puesto que supondría un trabajo excesivo para una publicación de un ámbito no profesional.

7. Resumen

La maquetación es el proceso de ordenación en el que se establecen relaciones entre elementos textuales y gráficos con el objetivo de comunicar un mensaje de la manera más efectiva y práctica posible.

Durante el transcurso de este capítulo se ha visto cómo el origen de este procedimiento se remonta hasta los inicios de la imprenta, llegando a un desarrollo y popularización de los programas informáticos que han revolucionado la manera en que se desarrolla. Mientras que tradicionalmente la diagramación solo se encargaba de ordenar los contenidos para que fuesen comprensibles, el maquetador actual también tiene atribuciones creativas de diseño estético.

De esta forma, más allá de la vigencia de formatos y presentaciones arcaicas, la aparición de *softwares* especializados ha terminado por incrementar la libertad de composición hasta la práctica disolución de cualquier convencionalismo.

Además, se han pormenorizado los principales parámetros que definirán la configuración del documento, analizando sus posibilidades y evaluando su influencia. En cualquier caso, se ha remarcado insistentemente que la infinidad de posibles decisiones que conlleva la maquetación debe ir encaminadas hacia un fin: presentar el mensaje para transmitir la información de forma sugerente y efectiva.

Ejercicios de repaso y autoevaluación

1. Señale si las siguientes afirmaciones son verdaderas o falsas.

    a. La maquetación no surge hasta la década de 1980.

        ☐ Verdadero
        ☐ Falso

    b. Dejar espacios sin ocupar supone un error de maquetación.

        ☐ Verdadero
        ☐ Falso

    c. El uso de hojas de estilo en el trabajo de maquetación mejora la eficiencia y posibilita una mayor coherencia.

        ☐ Verdadero
        ☐ Falso

2. ¿Cuál de los siguientes elementos de una composición tiene por objetivo llamar la atención del receptor y ofrecerle una síntesis del contenido del cuerpo de texto?

    a. Encabezado
    b. Titular
    c. Orla
    d. Pie de imagen

3. ¿De qué factores depende el peso de un elemento en una composición?

    _____

    _____

4. Complete el siguiente texto.

    La _____ es una estructura que sirve de guía organizativa donde se delimitan y ordenan unas _____ que definirán las formas, las dimensiones, las proporciones y la ubicación de las diferentes clases de

_____.

5. La página maestra...

    a. ... es una página real que se puede imprimir.
    b. ... no puede contener ilustraciones o textos.
    c. ... es un conjunto de características y objetos.
    d. ... es lo mismo que la retícula compositiva.

6. Relacione cada teoría compositiva con su característica:

    1. Estilo clásico
    2. Estilo moderno
    3. Estilo contemporáneo

    __ Funcionalidad y consideración de las percepciones subjetivas.
    __ Ruptura de normas en pos de una libertad creativa.
    __ Estima de la justa proporción, armonía y simetría.

7. ¿Qué es la jerarquía compositiva?

_____

_____

8. Señale si las siguientes afirmaciones son verdaderas o falsas.

    a. La distribución de texto más habitual para un periódico es de una columna.

        ☐ Verdadero
        ☐ Falso

    b. Una composición en equilibrio balanceado no tiene por qué ser simétrica.

        ☐ Verdadero
        ☐ Falso

c. Todos los documentos impresos tienen que respetar los márgenes (superior, inferior y laterales) sin ocuparlos.

☐ Verdadero
☐ Falso

9. **Señale cuál de las siguientes funciones no pertenece a las posibles atribuciones de un maquetador:**

a. Elaborar un diseño que guste a todo el mundo.
b. Mejorar la transmisión del mensaje.
c. Ordenar los contenidos de la composición.

10. **De todas las clases de tipografía, ¿cuál es la más apropiada para cuerpos de texto extensos? ¿Por qué es así?**

_____

_____

11. **En las hojas de estilo...**

a. ... un estilo de carácter puede afectar al interlineado.
b. ... un estilo de párrafo no puede modificar el color del texto.
c. ... los estilos anidados siempre deben ser redundantes, repetitivos.
d. Todas las opciones son incorrectas.

12. **Relacione el tipo de párrafo, según su forma o estructura visual, con el uso para el que sea más apropiado.**

Francés	Novela
Quebrado	Bibliografía
Ordinario	Dedicatoria
Español	Columna de prensa

13. **¿Cómo definiría la composición de textos?**

_____

_____

14. **Indique cuáles de las siguientes afirmaciones sobre la legibilidad son falsas:**

a. Es recomendable mantener la horizontalidad de los textos.
b. Combinar muchas tipografías ofrece buenos resultados.
c. Siempre, cuanto mayor tamaño tiene el texto mejor se lee.
d. Es preferible evitar modificar las proporciones del carácter tipo.
e. Es conveniente usar mayúsculas para destacar algo.
f. Las tipografías más legibles son las sencillas y clásicas.
g. Resulta más sencillo leer sobre un fondo con textura.
h. Se deben usar tipografías similares para introducir matices.

15. **¿Cuáles son los parámetros que habrá que considerar para la elección de los recursos gráficos de una publicación?**

_____

_____

_____

_____

Capítulo 2

Elaboración de maquetas de productos editoriales

Contenido

1. Introducción
2. Materiales para la creación de maquetas
3. Creación de maquetas
4. Impresión de maquetas
5. Calidad en las maquetas
6. Revisión de los aspectos de legibilidad y estética de la maqueta
7. Corrección de maquetas para elaborar la maqueta definitiva
8. Resumen

1. Introducción

En el campo editorial y del diseño impreso se entiende por maqueta (o el término inglés *lay out)* aquel modelo físico que representa el **prototipo del producto** impreso acabado. Aunque este ejemplar no tenga necesariamente por qué estar realizado con los mismos materiales y terminaciones que la reproducción definitiva, o incluso pueda ser digital, su aspecto y acabados deben de asemejarse y representarse tan fielmente como sea posible.

Ocasionalmente, para un testeo rápido, se puede realizar una maqueta cuyos contenidos sean meros rellenos para presentar una apariencia final, recurriendo a textos falsos e imágenes provisionales o incoherentes. Incluso se llega a presentar estas páginas sueltas expuestas sobre un panel. A esto se le conoce como monstruo (*dummy,* en inglés).

Por otro lado, cuando se pretende presentar una muestra o prueba de trabajo a un cliente o impresor se suele recurrir a maquetas con un mayor desarrollo, incluyendo pliegues, cortes y posibles montajes para que se pueda evaluar un modelo más próximo al resultado final. Esto es conocido como mono (o por la expresión anglosajona *mock up).*

En todo caso, la finalidad de las maquetas es poder presentar una aproximación del documento digital al producto terminado para poder evaluar el trabajo, subsanando posibles faltas de fidelidad entre pantalla e impresión y analizando la adecuación de los formatos y acabados sobre un modelo palpable.

2. Materiales para la creación de maquetas

Puesto que una maqueta es un prototipo acabado de un proyecto en particular, requerirá de una plasmación en un medio físico. Además de ser impreso sobre un soporte concreto, comúnmente recibirá unas terminaciones asociadas a unos valores estéticos (apariencia, información, reclamo) o funcionales (resistencia, forma, uso), por eso esta concreción tridimensional de un producto estará asociada a unos materiales propios al medio editorial.

Importante

Aunque se les pueda denominar de igual manera, no hay que confundir el término maqueta cuando se refiere a la página maestra (o plantilla, página base, máster) con el término que alude al modelo físico o prototipo de un producto terminado.

El principal componente de esta industria será el papel, un material resultante de un conglomerado de fibras aplanado hasta conseguir superficies continuas y lisas adecuadas para su impresión. Se pueden encontrar de diferentes gramajes, con todo tipo de estampados y de diferentes formas, siendo sus formatos más frecuentes en rollos continuos o en hojas de 1 m². Los diferentes aditivos incorporados a la composición del papel, así como algunas variaciones en su proceso de fabricación determinan infinidad de tipos, siendo los más frecuentes los siguientes:

- Absorbente: muy poroso e impregnable.
- Alfa: de mucha calidad, propio de ediciones de lujo.
- Apergaminado: con aspecto similar al pergamino.
- Biblia: de muy poco espesor.
- Coloreado: teñido con pigmentos.
- Contraclorado: aglomerado formado por recortes de otros papeles.
- Corrugado: modelado con un acabado ondulado unidireccional.
- *Couché:* de apariencia satinada y brillante.
- Cristal: traslúcido, muy rígido e impermeable.
- De barba: con textura rústica y, a veces, bordes irregulares.
- De estraza: grisáceo, áspero y poco permeable.
- De seda: traslúcido, maleable y, comúnmente, coloreado.
- Fotográfico: grueso, resistente y propio de la impresión fotográfica.
- Japonés: algo traslúcido, satinado, rígido y muy frágil.
- *Kraft:* muy resistente, grueso y de tonalidades ocres.
- Reciclado: fabricado a partir de papel reutilizado.
- Tisú: delgado, suave, flexible y absorbente.
- Verjurado: hecho a mano y con marcas longitudinales.

Diferentes tipos de papel

? Sabía que...

En la actualidad, es la *International Organization for Standarization* (ISO) quien establece las medidas del papel. Fijando su normativa una hoja de papel de 1 mm que mantiene sus proporciones al dividirse en dos partes iguales con la mitad de su superficie. Así se fijan:

- A0: 1189 x 841 mm.
- A1: 841 x 594 mm.
- A2: 584 x 420 mm.
- A3: 420 x 297 mm.
- A4: 297 x 210 mm.
- A5: 210 x 148 mm.
- A6: 148 x 105 mm.

Con casi tanta presencia como el papel, un derivado suyo, **el cartón, posee una considerable relevancia en esta industria,** siendo el material más frecuente en tapas, estuches u otras envolturas. Estos se pueden clasificar en dos tipos según su formación:

- **Compuesto o combinado:** resultante de la superposición de diferentes hojas de papel adheridas. Aunque hay tanta variedad de composiciones como papeles existen, las más comunes resultan de la superposición de papel corrugado y papel *kraft*.
- **Compacto:** formado por una única capa de fibra, en ocasiones se recubre por ambas caras con algún tipo de papel que le proporcione un

acabado más atractivo. Cuando no se termina en papel suele presentar tonos grisáceos y también es conocido como cartón piedra.

Algunos tipos de cartón

Más allá de estos dos ingredientes que acaparan la mayor parte del mercado editorial, existen **otros materiales** cuya presencia es más limitada:

- **Textiles:** aunque tradicionalmente las telas se han usado para las cubiertas de los libros, su uso cada vez es menos frecuente.
- **Pieles:** al igual que las telas, su habitual uso histórico ha quedado limitado a una minoría de ediciones.
- **Metales:** pese a que antaño era común encontrar metal en repujados en las portadas o protegiendo las esquinas, actualmente tan solo se encuentra en ediciones de lujo.
- **Plásticos:** aunque no están muy extendidos, no es complicado encontrar cubiertas o estuches de este material.
- **Maderas:** su uso es poco común y está limitado a estuches o cubiertas de ediciones de lujo muy cuidadas.

Además de los materiales que constituirán el soporte y el envoltorio del proyecto, para que el contenido pueda ser plasmado será necesario un **elemento que permita la escritura o el coloreado.** Esta función recaerá sobre tintas, ceras o tóneres (propios de impresoras láser), que serán el medio de transmitir e impregnar el pigmento en el medio físico.

Más allá del conjunto de elementos que conformarán la maqueta, si se pretende conseguir que el objeto adquiera consistencia unitaria habrá que recurrir a **sistemas de unión** y fijación, siendo los más habituales los conseguidos mediante el uso de los siguientes componentes:

- **Colas:** utilizadas para pegar y empastar pliegos o conseguir unidad con las tapas.
- **Cuerda o hilo:** para coser pliegos.
- **Alambres:** también usados para la costura de los pliegos.
- **Grapas:** fijación mecánica para documentos de poca entidad o de uso temporal.
- **Anillas:** para conseguir una unión que permite la rectificación, muy común en archivadores.
- **Tornillos:** que permiten obtener una fijación muy resistente y rígida adecuada para todo tipo de espesores.

 Consejo

En ocasiones, los materiales seleccionados para un producto concreto pueden llegar a adquirir tanta importancia para el consumidor potencial como el propio diseño, por lo que no se debe menospreciar su relevancia. Por lo tanto, será recomendable estudiar meticulosamente las consecuencias de esta decisión.

 Actividades

1. Investigue cuáles son los principales componentes del papel, cuáles son los aditivos más frecuentes y para qué se usan.
2. Adquiera, al menos, cinco clases de papel diferente en formato A4 y pruebe a hacer una misma impresión sobre ellos. Reflexione sobre los diferentes resultados obtenidos en función de las características del tipo de papel.

2.1. Sistemas de impresión digital de pruebas

La utilización de pruebas es un hecho altamente frecuente en el sector editorial. Esto es así dado que se realizan muestras que permiten **ensayos y evaluaciones** diversas que aseguren el resultado deseado **evitando tiradas defectuosas y reduciendo los costes** que podrían conllevar.

De cualquier modo, pese a que estas pruebas normalmente suelen tener una finalidad interna de seguimiento del trabajo o verificación de resultados, no es extraño que se desarrolle alguna de cara a una presentación no definitiva al cliente o incluso que se llegue a vincular a un control del proceso estipulado por contrato.

El desarrollo de la tecnología y los programas informáticos asociados con el mundo editorial ha propiciado que los sistemas de pruebas digitales se vayan imponiendo por dos motivos principales: el ahorro económico y la facilidad de ejecución.

Dado que actualmente el trabajo de edición, maquetación y composición se realiza comúnmente de forma íntegra mediante el uso de *software* especializado, este proceso de testeo es tan sencillo e inmediato como el envío de la información y la orden de impresión al dispositivo de salida correspondiente.

Prueba de impresión digital

Actividades

3. Medite acerca de la utilidad de las pruebas de impresión. Piense y escriba, en caso de no usarlas, en algún inconveniente o dificultad que pueda repercutir en el producto terminado.

Hoy es posible encontrar una variada oferta de sistemas de impresión digital siendo los más habituales los dispositivos de tinta líquida (o de inyección), los de tinta sólida, los de sublimación de tinta, los de cera o las impresoras láseres.

Tanto la validez de un determinado dispositivo para la realización de una prueba de impresión como la evaluación de la misma dependerá de los siguientes factores:

- **Superficie de impresión:** es imprescindible que el dispositivo posibilite la utilización de diferentes clases de soportes (papeles, cartulinas, láminas plásticas, etc.). El resultado de la impresión en cada uno de ellos estará condicionado por el material, la textura, la porosidad o el gramaje, por lo que todo ello influirá la apariencia final de la prueba.
- **Color:** aunque lo más habitual es el uso de colores estándar CMYK, existen casos en los que se recurre a gamas específicas (metalizados, irisados o colores Pantone).
  Pantone es como se denomina comúnmente al sistema de definición, identificación y comparación cromática *Pantone Matching System* (PMS), creación de la empresa homónima. Esta fija y estandariza colores concretos, llamados "colores sólidos", definidos mediante un código de identificación.
- **Fidelidad de color:** aunque el tono de la impresión nunca llegue a ser exactamente igual al digital, existen sistemas de calibrado y gestión de color que permiten emular, con ciertos márgenes, el color de la pantalla.
- **Variación de tono:** la calidad de la impresión mediante prensa u *offset* viene condicionada por la ganancia o afinamiento del punto, lo que

puede alterar la definición de la trama. Un intento de evaluar este parámetro requerirá del uso de pruebas en prensa o, en su defecto, de una simulación.

Ganancia del punto es el incremento de la dimensión de un punto impreso a medida que la tinta es absorbida por el papel, bien sea a causa del tiempo, o bien por la propia presión que la maquinaria de impresión pueda ejercer sobre el mismo.

- **Variación de densidad:** la densidad de la impresión cambiará durante el transcurso de una tirada (por desgaste, diferencias de presión u otros factores), hecho que solo puede ser emulado mediante una prueba en prensa.

- **Orden de impresión:** en función de la misma puede llegar a alterarse el rendimiento en superposición de un color y, por lo tanto, aparecer variaciones del mismo.

Rendimiento en superposición se define como el grado de adecuación con que un color (tinta, cera, pigmento...) se adhiere sobre otro color ya impreso, en relación a lo que el color inicial se adhiere sobre el propio papel.

- **Velocidad:** en ocasiones el tiempo que requiera la prueba puede determinar su elección, puesto que las pruebas de mayor precisión acarrean una tardanza mayor.

- **Coste económico:** el precio casi siempre es un parámetro importante y, normalmente, limitador. En caso contrario siempre se optaría por pruebas costosas de gran calidad, por eso en función del producto (tipo de papel, colores...) se tiende a recurrir a pruebas que supongan un ahorro.

Importante

La realización de sucesivas pruebas (especialmente si alguna de ellas es de buena calidad) desde las primeras fases de diseño puede evitar arrastrar errores a lo largo del trabajo cuya subsanación posterior podría llegar a suponer una considerable inversión de esfuerzo, tiempo y dinero.

En cuanto a las pruebas, en función a la finalidad que tengan, se pueden clasificar en:

- **Conceptuales:** generalmente utilizadas para plantear el contenido y la organización del mismo. Suelen tener poca definición, alejándose del resultado final. Esencialmente buscan transmitir una intención o idea.
- **Tipográficas:** muestran las características definitivas del texto (fuente, tamaño, color...), permitiendo valorar su legibilidad y adecuación al documento.
- **De color:** deben plasmar el resultado gráfico en cuanto a tono, intensidad y definición de color con la mayor fidelidad posible respecto al producto definitivo.
- **De contrato:** utilizadas para simular el resultado impreso con la mayor precisión y fidelidad posible. De gran calidad. En ocasiones se utilizan para confirmar un acuerdo mediante la firma sobre la propia prueba.

En cualquier caso, aunque cuanto mayor calidad de impresión pueda llegar a presentar la prueba digital mejor será el resultado de la misma, a causa de los diferentes procedimientos, **siempre podrá existir una determinada divergencia** entre el producto impreso digitalmente para la prueba y el documento editorial de salida que ofrezca un proceso de impresión industrial.

Actividades

4. Para ampliar conocimientos, realice, valiéndose de los medios que considere oportunos, una búsqueda de información acerca de las pruebas de color.
5. Investigue sobre los modelos de color RGB y CMYK. ¿En qué consisten? ¿Cuáles son sus diferencias? ¿Cuándo se utiliza cada uno?

2.2. Simulación de acabados y encuadernación en las maquetas

Dado que la maqueta será un modelo del producto final y puesto que en ocasiones no habrá una única maqueta, sino que serán necesarias varias hasta alcanzar el resultado deseado, se entenderá la posibilidad de realizar muestras en las que se pretenda un ahorro en los costes.

Este es el motivo por el cual, frecuentemente, en lugar de concretar maquetas con materiales nobles y costosos o con una impresión de gran calidad, se recurra a **alternativas que ofrezcan un resultado razonable** con el que mostrar uno o más aspectos con un ahorro en tiempo y costes considerable.

 Consejo

Aunque las primeras maquetas puedan ser más económicas, es aconsejable hacer un esfuerzo en el modelo "definitivo" a fin de presentar un resultado de gran calidad que realce el esmero y la dedicación en el proyecto o encargo para que pueda ser correctamente valorado por el cliente de turno.

De esta manera, con los medios tecnológicos actuales, es habitual el desarrollo de maquetas digitales a partir de modelados tridimensionales, incluso animados. Sin embargo, aunque los resultados son muy válidos para cuestiones volumétricas, de forma, color y proporciones, como cubiertas, estuches, etcétera, generalmente es preferible elaborar, al menos, un prototipo físico que pueda ser percibido, mesurado y manipulado verdaderamente.

En los modelos físicos siempre será posible la sustitución de materiales caros por otros que representen o imiten su apariencia con rasgos similares aunque de menor coste económico.

Ejemplo

Para una edición de lujo en papel alfa y tapas duras de piel roja, podría plantearse una maqueta impresa en papel común de poco gramaje y reemplazar las tapas en piel por un cartón con acabado que imitase la piel.

En todo caso, habrá que incidir en que la simulación de los acabados o la encuadernación de una maqueta no debería impedir la adecuada definición de los parámetros generales que determinarán el aspecto estético del artículo editorial, resultando, entonces, necesario **atender al lenguaje gráfico, material y formal** para asegurar una correcta y fiel representación del producto terminado.

Aplicación práctica

La editorial en la que trabaja está desarrollando un proyecto por encargo que consiste en una publicación monográfica de gama alta, muy elaborada, sobre la obra de la arquitecta Zaha Hadid. La edición contendrá fotografías, modelos, planos, detalles constructivos y dibujos a mano de sus edificios, además de textos analíticos, algunos de sus escritos particulares y una entrevista. Todo ello impreso en papel satinado de alto gramaje en formato horizontal con una encuadernación de tapas en aluminio mate con el título en letras perforadas y protegido por un estuche de metacrilato blanco. Aunque ya se han hecho algunas pruebas de tipografía y color, usted es el responsable de presentar al cliente una maqueta del producto que, pese a no ser definitiva, debe plasmar el diseño tan fielmente como sea posible procurando reducir el coste de la muestra. ¿Qué solución aportaría?

SOLUCIÓN

Usted debería optar por presentar una maqueta impresa que mantuviese las proporciones del producto terminado para asegurar las condiciones de legibilidad y apreciación de los detalles de planos y fotografías. Sin embargo, aunque podría tanto mantener el papel satinado como ir a uno mate, sería razonable recurrir a opciones de menor espesor.

Continúa en página siguiente >>

<< Viene de página anterior

En lo referente a las tapas, dado el elevado coste de la solución en aluminio, la alternativa más adecuada sería recurrir a un sucedáneo del metal, como un cartón o cartulina con acabado de imitación metálico y las letras perforadas.

En cuanto al estuche, el único material que podría reemplazar al metacrilato reduciendo costes sería una caja plegada partiendo de una lámina de plástico (PVC, polietileno u otro). No obstante, dado que difícilmente se conseguiría un resultado satisfactorio, sería aconsejable inclinarse por un modelo digital que representase perfectamente la voluntad del diseño.

Propuesta del modelo digital del estuche

 **Importante**

Aunque la reducción de costes pueda ser considerable, si la maqueta no consigue reflejar las características del proyecto editorial, resultará un prototipo inapropiado. Por lo tanto, siempre será preferible realizar un esfuerzo económico que redunde en un resultado acorde al trabajo de diseño a conseguir un ahorro que reporte un modelo deficiente.

3. Creación de maquetas

El proceso de **concreción de un proyecto gráfico en un objeto físico** a partir de un contenido digital conlleva una serie de decisiones posibles asociadas a determinados intervenciones que terminarán por configurar la realidad del producto editorial.

Sabía que...

Cada vez es más frecuente el uso de modelos virtuales para presentar la apariencia exterior de todo tipo de productos (estuches, libros, recipientes...) previamente a la formalización de una muestra real.

Más allá de la mera impresión, una hipotética encuadernación o la selección de materiales, que evidentemente repercutirán en las condiciones funcionales o de apariencia de la maqueta —y, en última instancia, del producto—, existen otros **procesos que intervendrán en las condiciones formales, estéticas y de uso** del mismo.

Aunque puedan existir tantas y tan diferentes manipulaciones como el diseñador o editor puedan idear, los procedimientos más frecuentes y relevantes se exponen a continuación:

- **Plastificado:** es el proceso mediante el cual se recubre la superficie impresa, habitualmente papel o cartulina, con una capa de plástico (acetato, polipropileno, etc.) que queda adherida tras ser sometida a presión y calor. El fin de esta actuación es incorporar una protección al soporte gráfico. Hay dos procedimientos básicos para ello:

  - **Extrusionado:** consistente en verter y alisar una cantidad del plástico, en estado líquido, sobre el medio impreso.
  - **Laminado:** depositando y adhiriendo láminas plásticas sobre el soporte gráfico.

- **Barnizado:** similar al plastificado, la mayor diferencia radica en que la cobertura de barniz se suele aplicar a áreas determinadas del soporte para introducir un matiz en el acabado (textura, brillo...) o destacar algún elemento gráfico. Después de un proceso de secado, el barniz queda fijado al soporte.

- **Corte:** es el procedimiento mediante el cual se seccionan los elementos que formarán parte del producto acabado para que presenten las formas y dimensiones que le son requeridas. La importancia de este proceso en la fase de acabados será determinante, puesto que se realizará tanto antes como después de la impresión.

- **Doblado:** es la acción mediante la que se aplica una leve presión sobre el soporte (papel, cartulina...) generando una modificación en el mismo que permite la recuperación del estado inicial del mismo.

- **Plegado:** similar al doblado, es el proceso en el que se ejerce una cierta presión sobre el soporte (papel, cartulina...), de manera que su forma queda modificada irreversiblemente. Se puede clasificar entre plegados en paralelo o en perpendicular, según los sucesivos pliegues se hagan de una u otra forma.

La diferencia entre doblar y plegar, más allá de la intensidad de la presión, es la intención. En el primer caso se busca un estado provisional por cuestiones de presentación o manejabilidad, mientras que el segundo caso suele estar asociado a razones funcionales.

- **Hendido:** es una manipulación que establece una guía (normalmente mediante corte parcial) que facilita el doblez o pliegue de posteriores procesos o prepara la pieza para un futuro recorte.

- **Estampado:** es el sistema por el que se establece una marca en relieve sobre un determinado elemento de la publicación. Existen dos variantes:

  - **En seco:** cuando se realiza mediante el uso de presión entre dos matrices complementarias.
  - *Stamping:* cuando se le incorpora un material mediante presión y calor que deja relieve y fija una película del mismo en la marca.

Ejemplo de estampado

■ **Perforado:** es el procedimiento mediante el que se elimina parte del material del soporte, configurando vacíos con formas que van desde tramas, hasta dibujos o letras.

Ejemplo de perforado

■ **Taladrado:** es un proceso homólogo al perforado, salvo que en este caso la sustracción del material es de forma cilíndrica o avellanada con el objetivo de permitir la agrupación mediante anillas, tornillos u otro medio de fijación.

■ **Troquelado o suajado:** es un procedimiento que, ya sea mediante el uso de herramientas estándares (troqueladora) o a medida (con una matriz particular para cada caso), posibilita el corte o hendido de formas irregulares sobre el soporte.

Ejemplo de troquelado

- **Cosido:** sistema de unión de los pliegos de una publicación entre sí mediante hilo (de fibra sintética o vegetal) o alambre (con hilo metálico muy delgado o, directamente, con grapas).
- **Alzado:** proceso mediante el que se reúnen los pliegos de una publicación respetando el orden de las páginas.
- **Modelado:** desarrollo de un elemento volumétrico mediante fresadoras, inyección o estratos. Aunque son técnicas relativamente recientes, comienzan a estar presentes, especialmente en estuches de ediciones especiales o de lujo.
- **Desbarbado:** procedimiento de eliminación de los restos marginales de material restante tras procesos de corte, troquelado, perforado, modelado, etcétera.

 ## Actividades

6. Pruebe a encontrar en los anuncios de televisión algunos productos que se promocionen mostrando un modelo digital en lugar del objeto físico. ¿Qué opina de esta práctica aplicada a la maqueta editorial?
7. Realice un esquema sobre los procedimientos vistos anteriormente en relación a su utilidad y las asociaciones entre ellos.

Aplicación práctica

Usted tiene una reunión con unos clientes para presentarles las condiciones de acabado y presentación de una edición coleccionable, llamada "Grandes batallas de la historia", que saldrá a la venta el próximo septiembre. Teniendo en cuenta que debe mostrarles un modelo de publicación semanal y algún tipo de estuche o carpeta que los contenga, con unos costes reducidos, ¿qué propondría?

SOLUCIÓN

Puesto que las series coleccionables suelen atraer por el primer número y este incluye el contenedor, usted debería dedicar una parte importante de la inversión ahí.

Una solución económica sería presentar unos coleccionables grapados con perforaciones para ser almacenadas en un archivador de anillas. Y dado que es un tema histórico, sería apropiado que este tuviese unas cubiertas con apariencia tradicional, imitando ediciones antiguas, por lo que podría dotarlo de tapas duras con un acabado imitando piel roja envejecida y los textos estampados en dorado.

Se puede deducir, entonces, que el objeto terminado de un proyecto editorial será el resultado de una suma de diferentes contenidos y decisiones de maquetación y diseño, las cuales configurarán las condiciones finales del producto.

3.1. Especificaciones de salida para la elaboración de la maqueta

Si la maqueta (física) es la consecuencia tanto del diseño de los contenidos como de una serie de determinaciones (materiales, formatos, operaciones de acabado, etc.), se entenderá la evidente relevancia de estas resoluciones.

Dada la trascendencia de estos factores para la maqueta resultante, parece fundamental su correcta ejecución. En este sentido, puesto que las tareas de impresión y postimpresión suelen divergir del ámbito del diseño —bien sea porque se encuentran en diferentes departamentos o, simplemente, porque se encarga o subcontrata a un tercero—, se hace imprescindible una buena comunicación.

Por ello, se deben incorporar unas **instrucciones que informen de las actuaciones específicas a seguir durante la conformación del objeto editorial.**

Estas explicaciones pueden estar incorporadas en el propio documento, cuidando siempre de que no exista interferencia con el contenido del mismo, o presentarse adjuntamente.

Para que unas instrucciones sean apropiadas deben cumplir los siguientes valores:

- **Precisión:** utilizar el lenguaje apropiado, con datos concretos y referencias técnicas objetivas.
- **Claridad:** evitar contradicciones o ambigüedades.
- **Concisión:** no extenderse en las explicaciones.
- **Explicitud:** incluir cualquier detalle de diseño que se pueda considerar relevante.

En el caso de que las órdenes no sigan los preceptos mencionados, sea por error u omisión, el prototipo resultante difícilmente coincidirá con el objetivo pretendido.

 Aplicación práctica

Dado que en la empresa en la que trabaja ha habido un par de incidentes recientes con el desarrollo de maquetas, usted ha sido asignado como intermediario entre los departamentos de diseño y postimpresión. ¿Qué correcciones solicitaría al compañero que le ha enviado las instrucciones "Plegar en paralelo en tres partes. Plastificar. Cortar el título", escasas incluso para el folleto publicitario al que se refiere?

SOLUCIÓN

Para empezar, no hace ninguna mención a las dimensiones del formato. Aunque se puede sobrentender que desea que las dimensiones se ajusten a las del archivo informático recibido, no es extraño que haya un margen. Además, en dicho caso, debería especificarse la posición del contenido.

Continúa en página siguiente >>

<< Viene de página anterior

Cuando habla del plegado no indica las medidas ni la orientación, y pese a que del diseño se podría entender que pretende un tríptico, es preferible concretarlo.

En cuanto al plastificado, hay que indicar, al menos, las características del material, (transparencia, espesor, brillo…).

Por último, cortar el título es, obviamente, incorrecto. Se puede deducir que se refiere a presentar el título perforado, no obstante, el uso de un lenguaje apropiado es esencial.

 Consejo

Dedicar el tiempo necesario para concretar unas especificaciones certeras que definan el modelo deseado es fundamental para evitar discordancias que puedan lastrar un proyecto.

---

4. Impresión de maquetas

El proceso de impresión de un proyecto editorial supondrá **la plasmación tangible de un documento digital** formado por un contenido estructurado en una fase de maquetación.

Mientras que las fases de redacción, corrección o diseño, son estadios intermedios en constante cambio, la maqueta representa la captura de un instante de ese proceso. Por ello, puede ser analizada y evaluada como un documento terminado con carácter temporal.

En este sentido, habrá que considerar qué factores se necesitan transmitir y cuáles serán los medios necesarios para ello. Por esto se tendrán que tomar decisiones acerca del presupuesto con el que se cuenta y de los puntos a los que dedicar una mayor inversión. De manera que la calidad de las tintas, el papel o los recursos disponibles para la encuadernación quedarán condicionados por esto.

4.1. Impresión láser, plóter, impresión digital y otros sistemas de impresión

Casi cualquier periférico doméstico de impresión que pueda adquirirse actualmente permite el desarrollo de una publicación de tirada corta (por las limitaciones del dispositivo), siempre que se cuente con un equipo informático y el programa correspondiente. No obstante, también existen equipos de impresión propios del ámbito profesional, cuyas prestaciones (definición, velocidad, etc.) los hacen más apropiados para usos editoriales de mayor entidad.

A continuación, se exponen los sistemas de impresión, tanto de uso doméstico como profesional más frecuentes.

De tinta líquida o de inyección

Funcionan mediante la proyección de puntos de tinta sobre el papel mediante unos inyectores. Aunque no permitan el uso de colores especiales, dado que se basan en la gama CMYK (cian, magenta, amarillo y negro), el hecho de que hayan mejorado la resolución considerablemente incrementando los puntos por pulgada, les lleva a conseguir resultados de gran definición. Aunque suelen necesitar papeles especiales para impresiones de mucha calidad y sus consumibles son proporcionalmente caros, el hecho de tener un coste del periférico reducido ha llevado a este sistema a ser el más común.

Sistema de tinta líquida

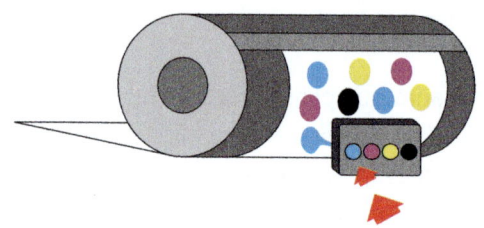

 **Sabía que...**

A mediados del siglo XIX, el matemático británico Charles Babbage, diseñó los planos precursores de la impresora moderna, adelantándose algo más de un siglo a la aparición de la primera impresora como tal.

De tinta sólida

Muy similar al sistema de tinta líquida, aunque su impresión se realiza mediante el fundido de la tinta sólida en un tramado de puntos.

Sistema de tinta sólida

Por sublimación de tinta

Funcionan mediante la aplicación de calor a unas cintas con tintas CMYK. La impresión se realiza color a color, mezclándose estos paso a paso y resultando acabados de muy alta calidad propios de cartelería o fotografía profesional.

Sistema de sublimación de tinta

De ceras o con transferencia térmica

Aunque en un caso se parte de una banda encerada y en otro, de paneles sólidos, en ambos casos, la impresora impregna con la cera recién fundida el papel de impresión, lo que provoca la continuidad del color ofreciendo excelentes resultados. En todo caso, el elevado coste de los consumibles hace que su uso se ciña al ámbito profesional.

Sistema de transferencia térmica

Láser

Funcionan mediante la ionización de un tambor que atrae partículas de un determinado color y las impregna sobre el papel. Posteriormente, una acción combinada de calor y presión, fija este "polvo" al papel de forma definitiva. En todo caso, ofrecen una calidad considerable con una velocidad de impresión mayor que otros sistemas. Aunque el dispositivo sea costoso, sus prestaciones hacen que pueda llegar a tener un uso doméstico o de oficina.

Sistema de láser

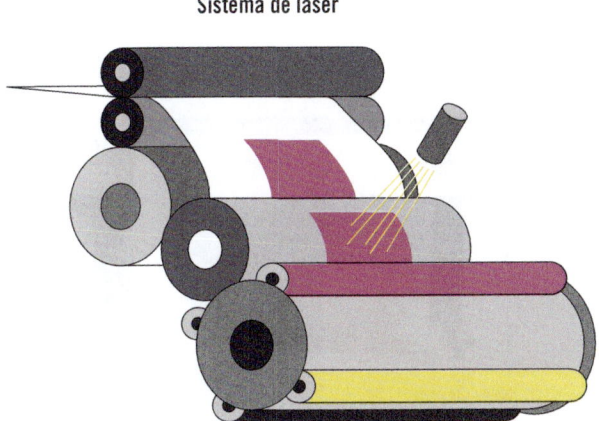

Plóter o *plotter*

Normalmente con funcionamiento homólogo al de las impresoras de inyección de tinta líquida, representan un sector más profesionalizado. Aunque la mayoría de los dispositivos funcionan con tintas CMYK, algunos llegan hasta los doce colores.

 Nota

Además del plóter de impresión, también existe el plóter de corte, que en lugar de inyectar tinta, traza formas o dibujos mediante una cuchilla. Incluso existen plóters que hacen ambas cosas, inyectar tinta y cortar trazados.

Existen modelos de carga en bandeja, la mayoría son de carga continua en bobina. Permiten el gran formato (A1, A0 o, incluso, superiores) y pueden ofrecer una definición muy elevada tanto en dibujo lineal como de mancha continua. Suelen estar vinculados a profesionales de las artes gráficas, ingeniería o la arquitectura.

Modelo de plóter

Huecograbado

Es una modalidad de impresión industrial. Su funcionamiento se basa en el grabado de un bajorrelieve, normalmente formado de una trama que se impregnará de tinta, retirando la sobrante y transfiriéndola al soporte por presión. Este proceso se suele realizar en continuo mediante el uso de tambores rotatorios.

Sistema de huecograbado

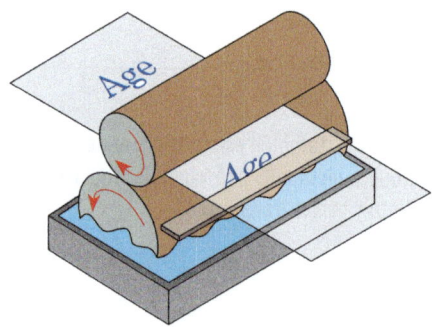

Serigrafía

Es un sistema de impresión que permite la impresión sobre cualquier material plano, trasfiriendo el color mediante una malla permeable tensada (llamada pantalla). Se aplica la tinta al interior del marco, impidiendo el paso en aquellas zonas de la malla a través de las que no deba pasar, se ubica sobre la superficie a imprimir y se somete a presión para que se deposite el color. Es un proceso común de obras repetitivas, como objetos de mercadotecnia o reproducciones en tela o papel.

Sistema de serigrafía

Film en positivo para exponer con luz UVI y endurecer emulsión

Emulsión sensible a luz UVI

Pantalla o malla ajustada por medio de marco

Regleta o goma

Emulsión endurecida adherida a la malla. Sobrante ya lavado dejando especios abiertos en malla

Tinta pasa a través de zonas abiertas en malla por presión de regleta imprimento soporte

Flexografía

Es un sistema de impresión que utiliza planchas de material flexible (fotopolímeros, generalmente) en relieve, fijadas a un tambor. La superficie a imprimir, que destaca sobre el fondo, se entinta mediante un rodillo dosificador con tinta de secado rápido. Resulta un proceso versátil, eficaz y económico, que permite el uso de diversas tintas o barnices. Su uso es muy heterogéneo, estando presente en revistas, envases, etiquetas, etc.

Sistema de flexografía

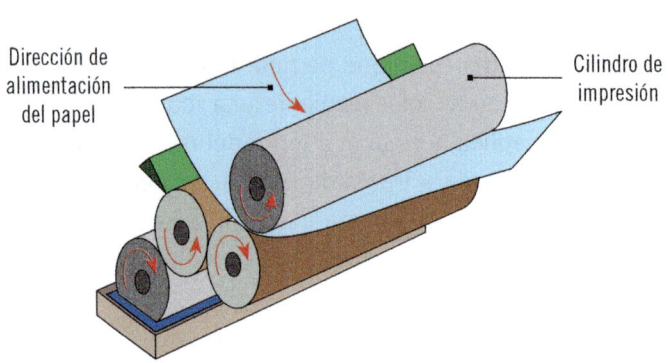

Dirección de alimentación del papel

Cilindro de impresión

Offset

Se trata de un sistema de impresión en el que sobre una plancha cilíndrica lisa se aplica agua en la zona que no se imprimirá (área hidrófila) para después impregnarla con tinta grasa. La incompatibilidad entre grasa y agua hará que la tinta solo se fije en la parte libre de agua (área lipófila), transfiriendo, finalmente, la impresión al soporte mediante presión. Supone un proceso de impresión económico y de alta calidad, permitiendo gran variedad de soportes.

Sistema de impresión *offset*

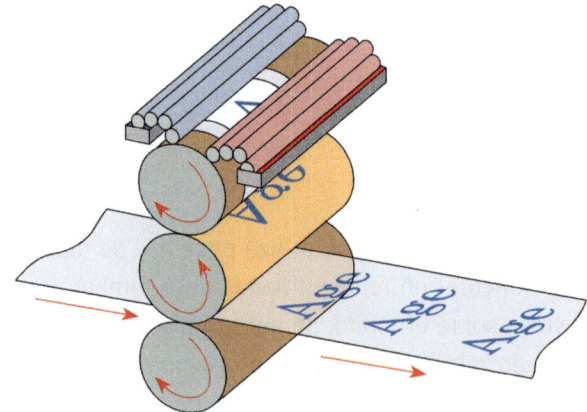

Fuera de estos, existen otros muchos sistemas de impresión menos frecuentes o con un campo de aplicación más limitado como el fotograbado, la xilografía, la tampografía, la fototipia o la litografía.

Sabía que...

Ya existen sistemas de impresión tridimensionales que partiendo de un bloque tallan el volumen deseado por sustracción (fresadoras 3D...) o que lo conforman mediante la compactación o la superposición de capas por adicción (de polímeros, láser...). Aunque hasta hace poco tenían un uso limitado al marco industrial, la reducción de su tamaño y el abaratamiento de precios ha posibilitado su presencia en sectores profesionales (arquitectura o diseño industrial, entre otros) o incluso en el ámbito doméstico.

Actividades

8. Como aproximación a la realidad, contacte con una empresa de reprografía y tome las decisiones que considere (calidades, etc.) para la obtención de un presupuesto de una maqueta de unas 100 páginas.
9. Para obtener un criterio más contrastado, realice una investigación en Internet consultando foros de diseñadores y usuarios, recogiendo opiniones sobre los diferentes sistemas de impresión que se mencionan en este apartado.
10. A partir de los datos recopilados en el ejercicio anterior, componga una tabla donde sitúe los diferentes sistemas en relación a los parámetros velocidad, definición, costes y eficiencia, clasificándolos en cada caso como alta, media o baja.
11. Busque información acerca de algunos métodos de impresión diferentes a los que se han comentado en este apartado.

Aplicación práctica

El Colegio de Abogados de su ciudad le contrata para que gestione la edición y producción de una pequeña revista semanal para sus miembros (información de interés, noticias, programación, algún artículo, etc.), de tirada corta, dimensiones reducidas y poca extensión. Además, le asigna un presupuesto limitado para que adquiera el equipo necesario. ¿Por qué sistema de impresión se decantaría usted?

SOLUCIÓN

Aunque todo dependerá del presupuesto exacto, las condiciones de la edición permiten descartar las opciones industriales *(offset,* flexografía o huecografía), específicas (serigrafía) o de gran formato (plóter).

Dado que será una publicación semanal, pese a no ser de gran tirada, supondrá una carga de trabajo considerable, por lo que sería apropiado decantarse por impresoras láser. Eso sí, siempre que el presupuesto permitiese un modelo a color. En caso de que el coste limitase las opciones a soluciones monocromas (blanco y negro), sería preferible optar por una impresora de inyección de tinta de gama alta, considerando especialmente importante su velocidad de impresión (ppm).

4.2. Colocación en el soporte de presentación. Encuadernación

La encuadernación es el procedimiento con el que concluye la fase de impresión. Su objetivo es **dar unidad, proteger y presentar un conjunto** de pliegos u hojas sueltas (o incluso otros formatos o superficies impresas).

Proceso de encuadernado

 Definición

Encuadernar
Es el arte de unificar pliegos o cuadernos, habitualmente de papel, entre cubiertas, para facilitar su manipulación, asegurar su conservación, exhibir una presencia más atractiva e identificar su contenido.

Aunque ya en la antigüedad existían métodos para proteger los escritos más valiosos (planchas de arcilla para proteger las tablillas mesopotámicas, fundas de piel para los papiros egipcios o cajas de madera y estuches para los rollos de pergamino griegos), no será hasta la Edad Media cuando aparecen los primeros códices, que pueden ser considerados los antepasados de los cuales descienden los libros encuadernados como tal.

El procedimiento tendrá un carácter tradicional hasta la automatización llegada con la Revolución Industrial.

Pese a la pervivencia de lo esencial de la técnica, la terminación fue evolucionando, incorporando valores decorativos y nuevos materiales en un desarrollo que ha alcanzado el presente, siendo posible encontrar una gran variedad de sistemas de encuadernación, de los cuales, destacan estos por ser los más habituales:

- **Alzado:** es un procedimiento consistente en la unión de los pliegos de un documento mediante su agrupación ordenada (siguiendo la paginación). Habitualmente, estos se cosen con alambre o hilo.
- **Embuchado:** es una variante del alzado, en la que los pliegos (ya plegados por la mitad) se van incorporando secuencialmente uno dentro del anterior. Está presente en muchos periódicos.

Comparación alzado - embuchado

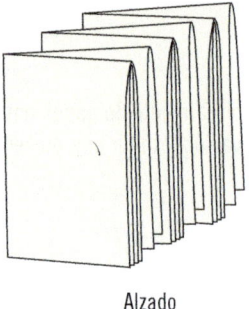

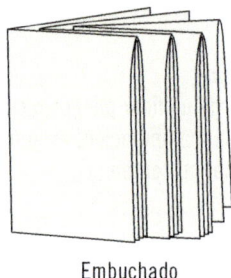

Embuchado

Alzado

- **Grapado:** similar al embuchado, salvo que los pliegos se unen mediante un delgado alambre metálico en forma de grapa. Es característico de algunas revistas o ediciones de poca extensión.
- **Espiral:** es un proceso de encuadernación económico, consistente en el taladrado del lateral interno de la totalidad de las hojas para introducir un alambre con forma helicoidal (los hay de diversos tamaños y colores) y acabar rematando los extremos con un corte y doblez para impedir que se deshaga. Normalmente, se suele presentar rematando el principio y final del documento con diferentes tapas (rígidas, flexibles, transparentes, etc.).

Encuadernación con espiral

- **Canutillo de plástico:** es un proceso similar al sistema con espiral, salvo que en este caso las perforaciones tienen forma rectangular y es necesario un artefacto específico para la colocación del canutillo (un cilindro, de material plástico, dentado enrollado sobre sí mismo).

El tamaño del elemento de unión dependerá del grosor del contenido, por lo que será importante que este no sea tan grande como para que las hojas queden sueltas, ni tan pequeño que no se puedan deslizar.

Encuadernación con canutillo

- **Wire-o** o **doble espiral:** es un método a medio camino entre la encuadernación con espiral y con canutillo. El sistema se inicia con la perforación del lateral interno del bloque de hojas apiladas, al que se adjuntan unas tapas con idénticas perforaciones. El procedimiento concluye con la unión del conjunto fijándolo con un alambre modelado con forma de peine cilíndrico. Todo esto se lleva a cabo mediante máquinas especializadas.

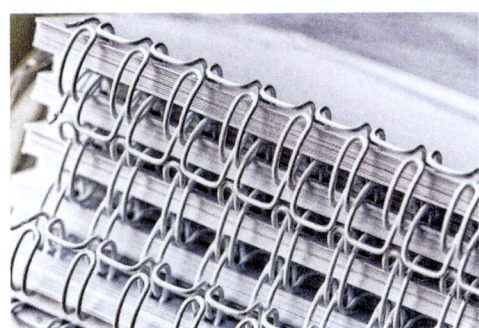

Encuadernación wire-o

- **Anillas:** es un proceso sencillo y económico habitual para formatos provisionales o coleccionables. Su ejecución se resuelve mediante el taladrado de agujeros circulares o avellanados en el lateral interno de las hojas o pliegos, que se agruparán con el uso de las anillas. Pese a que normalmente el sistema de anillado se presenta incluido en una carpeta o archivador, es posible encontrar anillas independientes.

- *Fastener* **o clip de encuadernado:** es un método propio de presentaciones provisionales, composiciones parciales o maquetas de bajo coste. El proceso es homólogo al de uso de anillas, salvo que en lugar de estas, se usa un artilugio (de metal o plástico) compuesto por unas pletinas que pasan a través de los agujeros, y unos pasadores, que sujetan el conjunto de forma estable. También este útil se combina habitualmente con carpetas o archivadores.

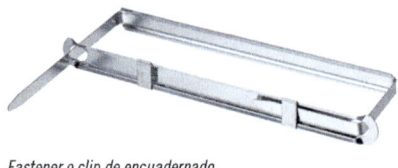

Fastener o clip de encuadernado

- **Térmica:** este sistema tiene un uso casi doméstico, puesto que el conjunto de hojas se recubren de una carpetilla o cubierta preparada con un adhesivo que al ser sometido a calor (normalmente, mediante una máquina específica) se funde y penetra en las hojas, que quedan unidas.
- **Rústica o de tapa blanda:** método de encuadernación sencillo y económico caracterizado por tener las cubiertas flexibles. Se distinguen:

  - **Pegada:** a partir de un conjunto de cuadernillos ordenados, se apilan sujetándolos mediante una mordaza para recortar y lijar el lomo (el lado por el que se unen) para hacerlo más permeable. Seguidamente, se procede al encolado y se protege con las cubiertas.
  - **Cosida:** se disponen los cuadernillos apilados en orden para ser cosidos entre ellos y seguidamente a la cubierta, para proseguir encolando el lomo y pegando el conjunto.
    Los libros de bolsillo son aquellos que suelen tener un formato pequeño y manejable. Además, suelen contar con un coste reducido, por lo que mayoritariamente presentan una encuadernación rústica económica.

Encuadernación rústica

- **Tapa dura:** proceso por el que se forma el libro entre dos superficies rígidas, que se inicia por la unión de los cuadernillos mediante cosido, seguido de la colocación de las guardas (elementos auxiliares para fijación de las tapas). Se diferencian:

Encuadernación tapa dura

- **Encartonada:** se disponen unos refuerzos para mejorar el acabado y durabilidad del libro, siguiendo con el revestimiento de las tapas mediante tela, piel o papel y terminando con el estampado (título, autor, etc.).
- **Cartoné:** similar a la encartonada pero de menor calidad, presenta un acabado en el que las tapas se recubren con cartulina y solo el lomo, con piel o tela.
- **Tapa suelta o a la inglesa:** en este caso, la cubierta y el resto del libro se elaboran de forma independiente para terminar uniendo el conjunto mediante el revestimiento de los cuadernos.
  Se puede decir que la encuadernación en tapa dura es el sistema más antiguo, puesto que los primeros libros como tal fueron los

códices, conformados por cuadernillos plegados, cosidos y encuadernados con tapas de madera recubiertas de tela o piel.

Encuadernación de tapa suelta

- **Copta:** es un precedente de la encuadernación en tapa dura moderna. En este caso, el conjunto de cuadernillos se dispone entre dos tapas (tradicionalmente de madera) y se cose el conjunto, dejando las costuras visibles en el lomo. Actualmente, se desarrolla como un aspecto decorativo, introduciendo trazados creativos y combinaciones de colores.

Encuadernación copta

En todo caso, pese a la revolución tecnológica y el auge de los soportes digitales (tabletas, *e-book*, etc.), el mercado editorial continúa presentando una oferta amplia y diversa que le permite satisfacer la demanda de los diferentes consumidores (libros de bolsillo económicos, publicaciones muy cuidadas para un público especializado, ediciones de lujo para coleccionistas y otros).

Aplicación práctica

En su última reunión con el responsable de OneSuitUp, una sofisticada empresa de moda masculina, percibió cierto descontento por parte de su cliente. Mientras que usted le explicaba el trabajo realizado sobre la maqueta con espiral, el responsable le planteó que le gustaría probar algunas variaciones en el orden de las páginas. Además, le comentó que le inquietaba que el aspecto exterior no reflejase los valores de la marca (elegancia y sobriedad). ¿Qué material prepararía para su próxima cita, considerando que se trata de un catálogo para un cliente importante?

SOLUCIÓN

A tenor de los comentarios, parece que existen dos demandas bien diferenciadas. Por un lado, las pruebas de orden podrían solventarse con una maqueta económica, encuadernada en un archivador mediante anillas, lo que facilitaría las variaciones.

Por otra parte, la necesidad de presentar un producto de apariencia definitiva muy cuidada, sugiere optar por un sistema rústico de gama alta o, incluso, por uno de tapa dura. Eso sí, siempre prestando mucha atención a la elección de materiales y al diseño de las cubiertas.

Dado que ambas opciones son incompatibles y sopesando la relevancia del cliente, sería aconsejable que usted presentase las dos propuestas.

Propuesta de maqueta catálogo OneSuitUp

 **Actividades**

12. Investigue, usando los recursos que considere necesarios, cuáles son las diferentes medidas estandarizadas de los útiles de encuadernación: espiral, canutillo y *wire-o*.
13. Mediante una búsqueda en páginas webs especializadas, recopile precios y variaciones de los diferentes sistemas de encuadernación que se comentan en este apartado.

5. Calidad en las maquetas

Pese a que las maquetas sean concreciones puntuales de un proceso en constante evolución y sean desarrolladas específicamente para un objetivo particular como valorar la maquetación; evaluar parámetros técnicos específicos del diseño editorial; sopesar cuestiones tipográficas; afinar decisiones o asegurar la coherencia entre el trabajo digital y el resultado impreso, no hay que perder de vista que **representan un ensayo del producto terminado.**

Será indispensable atender a cuestiones cualitativas vinculadas, más allá del desarrollo de contenidos (componentes textuales y gráficos, maquetación...) a factores propios del objeto editorial:

- Dimensiones
- Materiales
- Acabados
- Encuadernado

Las determinaciones sobre estos campos tendrán una **influencia directa respecto a cuestiones esenciales como la resistencia, durabilidad o funcionalidad** de un producto, condicionando su uso y modo de comercialización. Así, en un libro, el tipo de papel o su gramaje afectarán a la calidad de reproducción de las imágenes o a la nitidez del texto, mientras que de la composición de las tapas dependerá su conservación.

Ejemplo

Mientras que un libro de generosas dimensiones podrá diseñarse como una edición especial, de gran formato o de coleccionista y jamás como una de bolsillo; a un libro de tamaño reducido, con tapas blandas en cartulina y un papel de escasa calidad le sucederá lo contrario.

Aplicación práctica

Una nueva editorial ha lanzado recientemente una edición de bolsillo de "El Quijote". Pese a la gran calidad de la misma y el precio razonable, las ventas están muy por debajo de lo esperado. El libro, en tomo único, tiene unas dimensiones de 11 x 15 cm, con tapa dura entelada y papel de buena calidad con ilustraciones a color. Tras contratarle para una próxima edición, ¿qué decisiones tomaría con respecto a esta?

SOLUCIÓN

Probablemente, aunque el libro sea pequeño, resulte demasiado grueso para ser transportado y manejado con comodidad, por lo que seguramente dividirlo en dos tomos sería lo adecuado.

Además, tal vez habría que optar por un papel de menor gramaje que el existente suprimiendo las imágenes a color, o como alternativa, optar por una edición con dos papeles: uno delgado para el texto y otro específico para las ilustraciones.

En cuanto a las tapas, no sería fundamental variarlas, pero en su caso, se podría usar un cartón empapelado más delgado.

Por otro lado, **las soluciones aplicadas al modelo condicionarán la forma en que este sea percibido** por el receptor (posible comprador). Así, al igual que sucede con el contenido, las decisiones que se puedan tomar acerca de la conformación de la maqueta necesitarán una reflexión en torno al consumidor potencial hacia el que se enfoca. De esta forma, la apariencia de la maqueta derivará de unos criterios estéticos orientados a reforzar y hacer más atractivo el contenido del producto editorial.

Dada la gran cantidad de oferta editorial, las oportunidades de captar un comprador son limitadas, por esto, el acierto en la primera impresión será fundamental. Así, se entiende que la presentación del producto tenga un peso verdaderamente importante en su éxito comercial, destacando la primera envolvente (estuche, portada) y accesorios de *merchandising*.

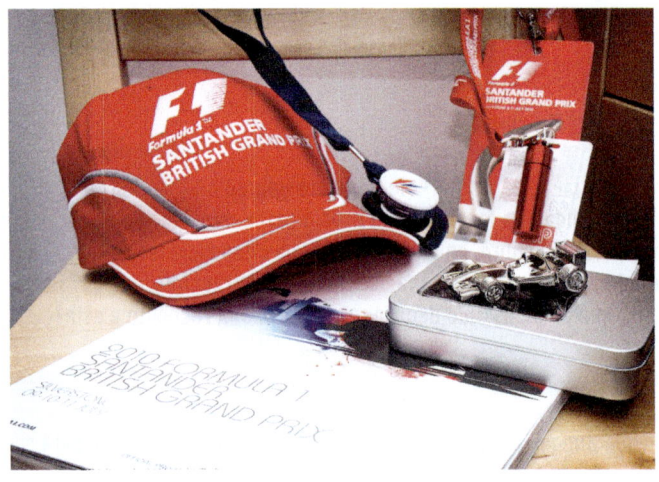

Merchandising de Fórmula 1

 **Definición**

Merchandising
El surtido de elementos comerciales asociados a un producto o marca, destinados a su promoción o a la obtención de beneficios mediante la explotación de su nombre.

En cualquier caso, las diferentes decisiones tomadas acerca de los factores anteriormente mencionados podrán llegar a repercutir de forma significativa sobre la variación del coste del prototipo (y, en consecuencia, del producto).

Siendo el precio un factor absolutamente relevante en el mundo editorial, puesto que inevitablemente esta, como cualquier industria, se encuentra sometida a las leyes del mercado.

 Actividades

14. Busque casos de productos editoriales en los que usted considere que la apariencia del mismo favorece su éxito comercial. Razone su respuesta.

6. Revisión de los aspectos de legibilidad y estética de la maqueta

Una vez han tenido lugar los procesos de impresión, acabado, encuadernación o presentación que han terminado por conseguir que la maqueta coja forma, se procede a la comprobación de los resultados obtenidos.

En este sentido, habrá que **prestar especial cuidado tanto al contenido textual como al aspecto visual.**

6.1. Estética

La revisión de aspectos estéticos debe sopesar valores como lo sugestivo del diseño, el equilibrio de la composición, el atractivo visual, la calidad de las imágenes, etc.

Se trata de un proceso que, habitualmente, queda sometido a la percepción subjetiva de quien realiza la evaluación, por ello, se debe exigir, como mínimo, una comparación entre el proyecto en formato digital y el resultado físico. En este cotejo, a priori, debe existir la mayor coherencia posible, de manera que se eviten disonancias entre el diseño y el resultado.

Por otro lado, en los factores que puedan no estar prefijados en la composición (tipo de papel, encuadernado, etc.) se debe comprobar que su selección en ningún caso penalice o perjudique decisiones anteriores de diseño o maquetación.

Ejemplo

Un tríptico diseñado y compuesto en colores negros y rojos puede estar pensado para ser impreso en papel grueso blanco. Mientras que una variación de papel a uno de menor gramaje sería prácticamente irrelevante. Sin embargo, una variación del color del soporte a un tono gris claro podría resultar inconveniente, pero, sin duda, un cambio del papel a uno en color rojo arruinaría el trabajo.

Dentro del medio editorial existen numerosos recursos de carácter estético enfocados hacia la captación de receptores (especialmente en labores vinculadas a la publicidad) o en el éxito comercial (asociado a todo tipo de productos, aunque, sobre todo a los libros). De ahí los esfuerzos dedicados por diseñadores y editoriales en la confección de carteles promocionales, incorporación de productos de mercadotecnia o selección de contenidos gráficos y textuales para las portadas, contraportadas, solapas, etc.

Definición

Mercadotecnia
También llamado *marketing.* Es el conjunto de estrategias y procedimientos que busca la mejora de un valor o producto para producir un incremento en la demanda del mismo.

En cualquier caso, se entiende que los criterios estéticos nunca pueden suponer un menoscabo para las fases previas del proyecto (diseño y maquetación) y, en la medida de lo posible, deben afianzar y subrayar su contenido.

 Actividades

15. Seleccione un folleto, póster, u otro producto sencillo similar. Determine las condiciones (tipo de papel, proporción, color...) que podría tener su maqueta para resultar económica sin ser inadecuada.
16. Identifique los valores estéticos de un libro, a su elección, que le hayan podido favorecer en sus resultados comerciales.

6.2. Legibilidad

Obviamente, la búsqueda de una lectura confortable que posibilite una mejor compresión es una condición esencial para una publicación, independientemente de si se trata de un formato impreso o digital, de un folleto o una novela. En cualquier caso, las condiciones de legibilidad suponen un mínimo exigible a cualquier proyecto.

Contraste de legibilidad

El ámbito queda enmarcado entre el Cantábrico, el monte Ulía y un desdibujado tejido urbano. Es decir, nos encontramos en un espacio intermedio, un área fronteriza entre realidades muy heterogéneas y sin unos límites bien definidos. Si bien es posible definir unos espacios homogéneos (Ciudad, montaña, mar...), resulta realmente complicado acotar exactamente hasta dónde llega cada uno de ellos, con lo que se generan unos interespacios de difícil etiquetación.	El ámbito queda enmarcado entre el Cantábrico, el monte Ulía y un desdibujado tejido urbano. Es decir nos encontramos en un espacio intermedio, un área fronteriza entre realidades muy heterogéneas y sin unos límites bien definidos. Si bien es posible definir unos espacios homogéneos (Ciudad, montaña, mar...), resulta realmente complicado acotar exactamente hasta dónde llega cada uno de ellos, con lo que se generan unos interespacios de difícil etiquetación.

Importante

La legibilidad es una condición necesaria, aunque no suficiente, para la comunicación. Es decir, algo no legible no puede transmitir un mensaje, pero que un texto lo sea no asegura que su contenido tenga que calar. Dicho en palabras del diseñador gráfico David Carson: "No confundas legibilidad con comunicación. Solo porque algo sea legible no quiere decir que comunique".

Como se ha visto anteriormente, la maqueta es un modelo del producto editorial terminado. Aunque como prototipo no tenga que ser una réplica exacta (materiales, acabados...), es importante que para una revisión apropiada de la legibilidad sus condiciones se aproximen tanto como sea posible a la versión definitiva, especialmente en lo referente a las dimensiones y proporciones del documento impreso.

Esto es así, dado que la legibilidad dependerá de parámetros como el público al que se dirige el trabajo, el tipo de letra y sus características, la separación entre letras o entre palabras, el interlineado o el contraste entre texto y fondo. Por todo esto, las variaciones de escala (reducciones, ampliaciones), color (tipos de tinta, impresión en escala de grises...) o materiales (papeles más absorbentes, plásticos, etc.) pueden producir resultados no extrapolables al producto final.

Ejemplo

Una maqueta de un póster que se ha reducido a formato A4, para comodidad de manipulación, respecto del A0 del documento original, presentará una variación en las dimensiones de la letra que, difícilmente, permitirá intuir si será apropiado para su lectura desde la distancia de contemplación.

En todo caso, será necesario que la revisión de la maqueta, independientemente de las particularidades de esta, concluya la idoneidad de las condiciones textuales de la misma atendiendo al tipo de receptor y formato de publicación.

 Aplicación práctica

En la empresa en la que trabaja están realizando un díptico para la promoción de una exposición de fotografía en una galería de arte. Usted forma parte del equipo que lleva a cabo el proyecto. Puesto que se encuentra en la fase final de desarrollo, recibe por parte de un nuevo compañero una maqueta para que evalúe sus condiciones estéticas y de legibilidad. Considerando que el producto tendrá un fondo naranja con textos en color azul e imágenes a color y que tendrá unas dimensiones de 18 x 28 cm doblado por la mitad, ¿qué observaciones podría hacer si la maqueta que recibe ha sido impresa en escala de grises y ampliada ocupando la totalidad de un A2 (58'4 x 42 cm)?

SOLUCIÓN

Para empezar, el incremento de escala del documento aumentará tanto el tamaño de la letra que resultará imposible evaluar si el texto resultaría suficientemente legible en caso de tener las dimensiones reales. Sin embargo, respecto a las imágenes, mientras que si se hubiesen pixelado no se obtendría conclusión alguna, si no fuese así se deduce que su definición es más que suficiente para el formato deseado.

En cuanto al color, su ausencia impedirá comprobar si el contraste entre el texto (azul) y el fondo (naranja) es suficiente como para su lectura confortable. Además, en un caso en el que las fotografías suponen un contenido esencial, sería apropiado evaluar el equilibrio entre estas y el fondo coloreado.

Se concluye que la maqueta no es adecuada para las comprobaciones necesarias.

La revisión de estos rasgos (de estética y legibilidad) debe asegurar que, al menos, **la concreción del proyecto en un objeto físico no supone ningún impedimento para la transmisión de sus contenidos** y, preferiblemente, debe potenciar y reafirmar la comunicación de los mismos.

 **Nota**

Si bien una maqueta ampliada puede ser adecuada para la evaluación de factores estéticos o una reducida puede valer para comprobaciones de legibilidad, siempre resultará más fiable y concluyente un modelo sin deformaciones de tamaño o proporciones.

7. Corrección de maquetas para elaborar la maqueta definitiva

Aunque se ha visto que es frecuente la realización de diferentes pruebas y maquetas a lo largo de todo el desarrollo de un proyecto para efectuar comprobaciones y apreciar la evolución del mismo, todo proceso debe tener un fin.

Por ello, pese a que ocasionalmente se soslayan los modelos provisionales del proceso, es muy aconsejable que como mínimo, al menos, a la conclusión del trabajo se precise una maqueta preliminar para revisar diferentes aspectos y **realizar las correcciones necesarias que eviten la repercusión de erratas o defectos en la impresión o publicación definitiva.**

 Recuerde

Aunque no sea estrictamente imprescindible concretar y revisar una maqueta, esto puede evitar la perpetuación de defectos en un proyecto acabado.

 Actividades

17. Localice algunos fallos o errores de una publicación que deberían haberse subsanado durante la corrección de la maqueta preliminar.

Aplicación práctica

Usted colabora con una iniciativa de taller editorial para personas mayores, orientada a proporcionarles una ocupación mediante la cual desarrollar una publicación mensual cuyo objetivo es la recaudación de fondos para actividades colectivas y eventos sociales del barrio.

Puesto que pretenden un resultado adecuado y razonablemente profesional, ¿cómo les resumiría en un diagrama sencillo todo el proceso editorial?

SOLUCIÓN

Diagrama del proceso editorial

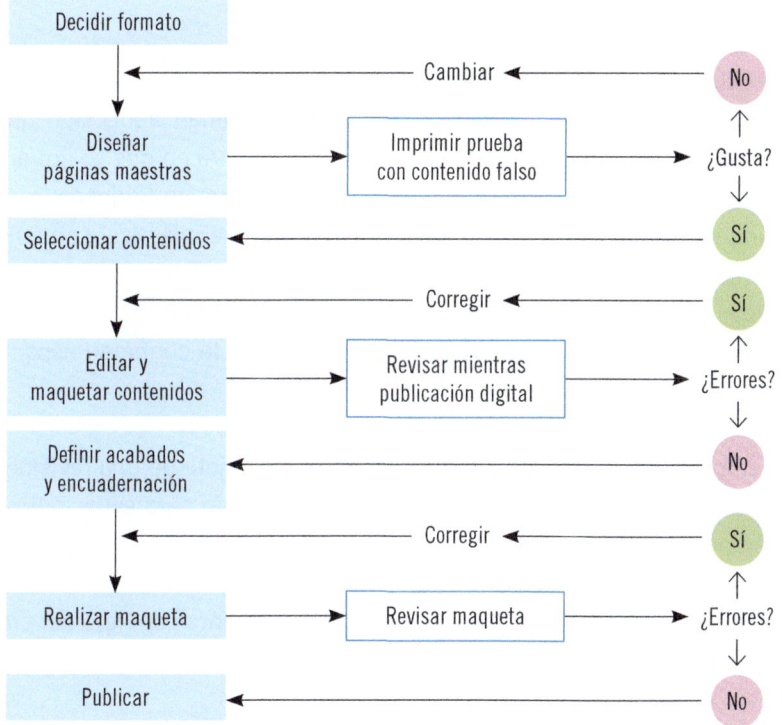

8. Resumen

Una maqueta es un modelo que presenta los rasgos de un producto editorial, aunque no siempre posea todos sus atributos, sino que se pueda limitar a contener aquellos que se van a evaluar.

Por ello, las maquetas pueden tener diferentes finalidades: analizar el diseño, comprobar la adecuación del color o de la tipografía, presentar una muestra a un cliente o revisar el trabajo antes de su publicación, siendo este último punto esencial para evitar errores del producto terminado.

En este sentido, los modelos físicos requieren de un soporte material que, pese al paso del tiempo y la evolución tecnológica, sigue basándose sustancialmente en el papel donde se imprimen los contenidos.

No obstante, más allá de la enorme gama de papeles (colores, gramajes, texturas...), las posibilidades de la maqueta no terminan aquí, sino que se incrementarán con la encuadernación, esto es, la manera en que se unirán formando un conjunto, existiendo variedad tanto en el formato (grapada, rústica, tapa dura, etc.) como en los materiales (cartón, madera, plástico y otros).

Además, en función del diseño pueden presentar una amplia diversidad de acabados (laminado, plegado, perforado, etc.) que le confieren aspectos o funciones determinadas.

Sin embargo, toda maqueta podría y debería ser objeto de una revisión que asegurase el correcto desarrollo o conclusión del trabajo para evitar fallos que pudiesen perjudicar el resultado final de este proceso.

La maqueta, por tanto, será una captura de un instante concreto del progreso de un proyecto editorial.

Ejercicios de repaso y autoevaluación

1. ¿Qué dos conceptos relacionados con el mundo editorial pueden llevar a error al usar el término maqueta?

_____
_____
_____
_____

2. Señale cuál de las siguientes expresiones no hace referencia a ningún tipo de maqueta:

   a. *Dummy*
   b. *Lay out*
   c. *Kraft*
   d. *Mock up*

3. Señale si las siguientes afirmaciones son verdaderas o falsas.

   a. La impresión por sublimación de tinta es propia del ámbito profesional.

      ☐ Verdadero
      ☐ Falso

   b. El papel es un derivado del cartón.

      ☐ Verdadero
      ☐ Falso

   c. La presentación externa de un producto editorial posee una importancia despreciable respecto a su contenido.

      ☐ Verdadero
      ☐ Falso

4. Complete el siguiente texto.

La utilización de _____ es un hecho altamente frecuente en el sector editorial. Esto es así dado que se realizan muestras que permiten _____ y _____ _____ diversas, que aseguren el resultado deseado _____ _____ y _____ que podrían conllevar.

5. ¿Cuáles son los sistemas de unión más comunes en el mundo editorial?

_____

_____

6. El material con mayor presencia en la industria editorial es:

     a. La tinta
     b. La cola
     c. El papel
     d. Todas las opciones son correctas.

7. **Encuentre en la siguiente sopa de letras catorce nombres de las variedades de papel mencionadas en el capítulo:**

A	L	I	N	E	S	J	D	R	E	B	O	R	E	P	A	M	N
U	A	V	O	D	I	O	T	I	M	A	A	C	E	B	M	E	C
R	E	A	E	H	C	U	O	C	X	R	T	O	S	U	N	G	H
O	P	Y	K	R	A	H	F	E	H	C	N	N	I	B	A	L	I
S	T	E	S	O	J	D	S	C	R	I	S	T	A	L	I	I	T	N
E	N	T	Z	M	F	U	R	K	A	R	I	R	A	B	L	A	O
T	J	A	V	E	S	T	R	A	Z	A	B	A	A	A	B	Q	C
P	A	E	L	I	T	A	W	A	G	A	T	C	E	J	I	U	V
C	P	C	B	F	F	A	N	E	D	I	A	L	I	R	B	I	L
F	O	A	L	T	A	S	C	P	C	O	L	O	R	E	A	D	O
A	N	C	S	E	D	Z	R	D	U	R	D	R	S	V	R	T	I
U	E	O	H	L	K	F	O	T	A	A	I	A	O	R	E	P	N
S	S	R	A	E	C	O	R	R	U	G	A	D	O	Y	A	B	O
I	S	F	E	T	A	E	T	N	E	B	R	O	S	B	A	H	P
T	E	A	D	E	U	Q	U	I	O	C	I	N	E	I	G	I	H

8. **Enumere los factores cualitativos ajenos al contenido de la publicación que condicionarán su uso y modo de comercialización.**

_____

_____

9. **¿Cuál es el objetivo de la revisión de la legibilidad de la maqueta?**

_____

_____

_____

_____

10. **Indique cuáles de las siguientes afirmaciones sobre las pruebas de impresión son verdaderas:**

   a. Lo más común es el uso de colores estándar CMYK.
   b. A veces se firman para sellar un contrato.
   c. El precio no condiciona la elección del tipo de prueba.
   d. Solo se deben hacer pruebas de muy buena calidad.
   e. La superficie de impresión no supone un condicionante.
   f. Bajo ninguna circunstancia se muestran al cliente.
   g. A la larga, el uso de pruebas puede suponer un ahorro.
   h. Actualmente, solo se realizan pruebas digitales.

11. **Señale si las siguientes afirmaciones son verdaderas o falsas.**

   a. Las decisiones acerca de la calidad del producto terminado influirán en la durabilidad del mismo.

      ☐ Verdadero
      ☐ Falso

   b. Las indicaciones para elaborar una maqueta tendrán que estar incorporadas en el mismo documento.

      ☐ Verdadero
      ☐ Falso

   c. Durante la revisión estética de la maqueta, se evalúa esta mediante unos criterios objetivos normalizados.

      ☐ Verdadero
      ☐ Falso

12. **Explique la diferencia entre embuchado y alzado.**

   _____

   _____

13. **Relacione cada proceso con su finalidad:**

   a. Corte.
   b. Plegado.
   c. Plastificado.
   d. Hendido.
   e. Estampado.

   ___ Proteger el soporte.
   ___ Definir la forma del soporte.
   ___ Marcar el soporte para facilitar el doblado o recorte posterior.
   ___ Fijar un texto o dibujo en relieve sobre el soporte.
   ___ Modificar la forma del soporte irreversiblemente.

14. **Relacione el tipo de impresora en función de sus características con el uso para el que sea más acertado.**

   a. Inyección de tinta
   b. *Offset*
   c. Serigrafiadora
   d. Plóter
   e. Sublimación de tintas

   ___ Estudio de arquitectura
   ___ Residencia familiar
   ___ Estudio fotográfico
   ___ Estampadora de camisetas
   ___ Imprenta editorial

15. **¿Por qué en ocasiones se simulan acabados o encuadernaciones en las maquetas?**

   _____
   _____

Bibliografía

Monografías

❚ BIERUT, M., [et al.]: *Fundamentos del Diseño Gráfico*. Buenos Aires: Ediciones Infinito, 2005.

❚ CONTRERAS, F. y SAN NICOLÁS, C.: *Diseño gráfico, creatividad y comunicación*. Madrid: Blur Ediciones, 2001.

❚ DABNER, D.: *Diseño, maquetación y composición: comprensión y aplicación*. Barcelona: Blume, 2008.

❚ DE BUEN Unna, J.: *Manual de diseño*. México: Santillana, 2003.

❚ FRUTIGER, A.: *El libro de la tipografía*. Barcelona: Gustavo Gili, 2007.

❚ GÁLVEZ Pizarro, F.: *Educación tipográfica. Una introducción a la tipografía*. Chile: Facultad de Arquitectura, Arte y Diseño – Ed. UDP, 2005.

❚ GATTER, M.: *Manual de impresión para diseñadores gráficos*. Barcelona: Parramón, 2011.

❚ GORDON. M. y GORDON, B.: *Manual de diseño gráfico digital*. Barcelona: Gustavo Gili, 2007.

❚ KANE, J.: *Manual de tipografía*. Barcelona: Gustavo Gili, 2013.

❚ LALLANA, F.: *Tipografía y diseño*. Madrid: Síntesis, 2002.

I LEBORG, C.: *Gramática visual*. Barcelona: Gustavo Gili, 2013.

I MÜLLER-BROCKMANN, J.: *Sistemas de retículas. Un manual para diseñadores gráficos*. Barcelona: Gustavo Gili, 2012.

I MUNARI, B.: *Diseño y comunicación visual. Contribución a una metodología didáctica*. Barcelona: Gustavo Gili, 2013.

I NEWARK, Q.: *¿Qué es el diseño gráfico? Manual de diseño*. Barcelona: Gustavo Gili, 2003.

I TSCHICHOLD, J.: *La nueva tipografía. Manual para diseñadores modernos*. Valencia: Campgràfic, 2003.

I SAMARA, T.: *Diseñar con y sin retícula*. Barcelona: Gustavo Gili, 2004.

I SWANN, A.: *Bases del diseño gráfico*. Barcelona: Gustavo Gili, 2004.

I ZAPPATERRA, Y.: *Diseño editorial. Periódicos y revistas*. Barcelona: Gustavo Gili, 2008.

Textos electrónicos, bases de datos y programas informáticos

I Asociación Española de Reprografía, de: <https://www.aerdigital.es/>.

I Ministerio de Educación, Formación profesional y Deporte. (Recursos Cnice), de: <http://recursos.cnice.mec.es>.

I Página oficial de Adobe InDesign, de: <http://www.adobe.com/es/products/indesign.html>.

I Portal de Artes Gráficas, de: <http://www.alabrent.com>.